STAV PSYCH

SIMULATION
KOMPLETTER PROBETEST

W0309190

NUMERISCHES SCHLUSSFOLGERN · PSYCHOLOGIEVERSTÄNDNIS · VERBALES SCHLUSSFOLGERN · ENGLISCHVERSTÄNDNIS · MATHEMATIKKENNTNISSE · BIOLOGIEKENNTNISSE · FIGURALES SCHLUSSFOLGERN · MUSTERLÖSUNGEN · DIGITALE AUSWERTUNG

Med+Gurus

Zuschriften, Lob und Kritik bitte an

MedGurus® Verlag
Am Bahnhof 1
74670 Forchtenberg
Deutschland

Web: www.medgurus.de
Email: support@medgurus.de
Facebook: www.facebook.com/medgurus
Instagram: www.instagram.com/medgurus.de

Bibliografische Information der Deutschen Nationalbibliothek

Die Deutsche Nationalbibliothek verzeichnet diese Publikation in der Deutschen Nationalbibliografie.
Detaillierte bibliografische Daten sind im Internet über http://dnb.dnb.de abrufbar.

1. Auflage Januar 2022
2. Auflage November 2022 – STAV-Psych 2023/2024

AutorInnen: Dr. sc. hum. Jan Hundertmark, Britta Köhler, Hannah Kraus, Dr. med. univ. Constantin Lechner, Andreas Leiprecht, Kimberly Leigha Maland, Katharina Ströle
Lektorat: Louisa Ramsaier, Dr. med. univ. Alexander Hetzel
Umschlaggestaltung: Studio Grau, Berlin
Layout & Satz: Studio Grau, Berlin
Druck & Bindung: Schaltungsdienst Lange oHG, Berlin

FSC www.fsc.org MIX Papier aus verantwortungsvollen Quellen FSC® C104586

Klimaneutral Druckprodukt

Printed in Germany
ISBN-13: 978-3-944902-72-2

INHALTSVERZEICHNIS

VORWORT

Psychologie ist eine großartige akademische Disziplin. Sie verwendet vielfältige und modernste wissenschaftliche Methoden, um Wissen über das faszinierendste Forschungsgebiet überhaupt zu gewinnen: den menschlichen Geist und menschliches Erleben und Verhalten. PsychologInnen sind in der gesamten Berufswelt hochgefragt, sei es in der Psychotherapie, Forschung, Human Resources, Pädagogik oder Unternehmensberatung. Sie sind spezialisiert genug, um in ihren Fachgebieten an vorderster Front mitzuarbeiten und gleichzeitig generalistisch genug, um effektiv Brücken zu Angehörigen anderer Fachrichtungen zu bauen. Hinzu kommt, dass PsychologInnen ausgezeichnet ausgebildet werden und ab dem ersten Semester fundierte Kenntnisse in Forschungsmethodik, Statistik, (Neuro-)Biologie sowie in der Arbeit mit wissenschaftlichen Originalartikeln erwerben. Aus diesen Gründen sind die Studienplätze hochbegehrt: Über 10 Bewerbungen auf einen einzigen Studienplatz sind üblich. Die NCs in Deutschland liegen allesamt im Einser-Bereich. Seit 2022 gibt es einen schriftlichen Eingangstest, mit dem StudienanwärterInnen ihre Eignung nachweisen können: Das STAV-Psych. Und hier kommen wir ins Spiel!

Die MedGurus® sind eine Initiative leidenschaftlicher ÄrztInnen, PsychologInnen, NaturwissenschaftlerInnen, Didaktik-ExpertInnen, technikverliebter Nerds und hochmotivierter StudentInnen. Wir setzen uns für Chancengleichheit bei der Vorbereitung auf Studienplatz-Aufnahmeverfahren ein. Mit viel Begeisterung und Herzblut haben wir in den letzten Jahren unser fundiertes und modernes Konzept entwickelt und bieten für deutschsprachige Aufnahmeverfahren ein umfangreiches Vorbereitungsangebot aus Büchern, Seminaren, Online-Seminaren sowie eine E-Learning-Plattform an. Wir hoffen, dass wir auch Dich damit auf Deinem Weg ins Wunschstudium unterstützen können.

Sich auf eine derart große und entscheidende Prüfung vorzubereiten, kann Dich enorm unter Druck setzen. Vielleicht drängen sich große Ängste auf: „Wie kriege ich das alles hin? Was, wenn ich nicht gut genug bin? Bekomme ich dann nie meinen Wunschstudienplatz?" Dass Du Dich wahrscheinlich zum ersten Mal ohne Deine Freunde aus Deinem gewohnten Klassenverband allein auf diese Prüfung vorbereiten musst, erschwert das ganze Unterfangen. Leider reicht es nicht, sehr gut zu sein: Du musst besser als die meisten anderen sein. Glaub uns, wir wissen, wie es sich anfühlt. Wir haben selbst verschiedene Aufnahmeverfahren mitgemacht und ... Bestanden! Also keine Angst! Wenn wir das geschafft haben, dann schaffst Du das auch. Mit den richtigen Strategien und sehr viel Übung wirst Du merken, wie Du langsam aber kontinuierlich besser und souveräner wirst. Wir begleiten und unterstützen Dich gerne bei diesem Prozess. Du solltest wissen, dass dem richtigen Mindset neben sehr viel Training und Übung eine entscheidende Rolle zukommt. Und tatsächlich ist das Aufnahmeverfahren eine faire Chance, bei der Du zeigen kannst, was in Dir steckt und wie groß Deine Motivation wirklich ist. Also nutze Deine Chance – wir helfen Dir dabei!

Soziales Engagement ist uns MedGurus sehr wichtig. Fünf Prozent unserer Gewinne spenden wir deshalb an karitative Zwecke. Ausführliche Informationen zu den von uns geförderten Projekten findest Du auf unserer Website www.medgurus.de. Wir möchten gerne bewusst und verantwortungsvoll mit den Ressourcen unserer Erde umgehen. Unsere Bücher werden daher klimaneutral in Deutschland und auf FSC-zertifiziertem Papier gedruckt.

Deine MedGurus

1 EINLEITUNG

EINLEITUNG

1. PRODUKTÜBERSICHT

	STAV-Psych Komplettpaket	STAV-Psych Simulationsbuch
DIGITALE MUSTERLÖSUNGEN	✓	✓
DIGITALER ANTWORTBOGEN	✓	✓
E-LEARNING	✓	
MedGurus Community & Helpcenter		
MEDGURUS COMMUNITY	✓	✓
HELPCENTER	✓	✓

Die Tabelle gibt Dir einen Überblick über unsere Produktpakete. Passend hierzu findest Du nachfolgend zu jedem Produkt die wichtigsten Infos. Um mehr darüber zu erfahren, folge einfach dem jeweiligen QR-Code.

DIGITALE MUSTERLÖSUNGEN

- Detaillierte, ständig aktualisierte Musterlösungen
- Download jederzeit ohne Registrierung möglich
- Immer aktuell und umweltschonend

DIGITALER ANTWORTBOGEN MIT RANKING

- Digitaler Antwortbogen
- Auswertung mit Ranking
- MedGurus Mentorat

E-LEARNING

- Mehr als 1000 zusätzliche Übungsaufgaben
- Video-Tutorials und vertiefende Lektionen
- Individuelle Lernstatistiken und Ranking

ABEND-AKADEMIE

- Vertiefung und Anwendung der gelernten Inhalte
- Online-Seminare durch PsychologiestudentInnen mit Informationen aus erster Hand
- Coming soon: 2023

MEDGURUS STAV-PSYCH COMMUNITY

- Finde Lerngruppen vor Ort
- Vernetze Dich mit anderen TeilnehmerInnen
- Profitiere von Deiner Peer-Gruppe

HELPCENTER

- Neuigkeiten zum STAV-Psych
- Hilfe zu individuellen Fragen

2. ALLGEMEINES UND AUFBAU

Das Studierendenauswahlverfahren Psychologie – kurz STAV-Psych – ist das Aufnahmeverfahren für ein Bachelor-Studium im Fach Psychologie in Baden-Württemberg und findet einmal jährlich im Mai statt. Die Universitäten Freiburg, Heidelberg, Mannheim, Tübingen und Ulm berücksichtigen bei der Vergabe ihrer Studienplätze die Ergebnisse. Die Forschung hat gezeigt, dass ein Aufnahmetest in Kombination mit der Abiturnote die Studieneignung und Abbruchquote sehr gut vorhersagen kann. Durch die Testteilnahme kannst Du Deine Chance, einen der begehrten Studienplätze zu ergattern, maßgeblich verbessern. Wir empfehlen Dir daher, unbedingt am Test teilzunehmen, wenn Du Dich zuvor ordentlich vorbereitet hast.

Ψ TIPP

Ψ YOU ONLY GET ONE SHOT, DO NOT MISS YOUR CHANCE TO BLOW
Du bist nur einmal zur Teilnahme am STAV-Psych berechtigt. Nutze Deine Chance bestmöglich, indem Du Dich strukturiert vorbereitest.

Das STAV-Psych ist ein Verfahren, welches mit einem Paper-Pencil Test allgemeine kognitive Fähigkeiten (fluide Intelligenz) und relevantes Vorwissen (kristalline Intelligenz) überprüft. Dein Vorwissen benötigst Du für die Untertests Mathematik- und Biologiekenntnisse. Diese fachspezifischen Kenntnistests sind Dir aus der Schule bekannt und prüfen Oberstufenwissen ab. Um zu brillieren, musst Du vorab richtig pauken. Das Motto ist: „Viel hilft viel!" Neben der offensichtlichen Prüfung Deines Fachwissens lassen diese Tests sehr gute Rückschlüsse auf Deine Motivation zu. Deine fluide Intelligenz wird in den Untertests figurales, numerisches und verbales Schlussfolgern gebraucht. Am ehesten kannst Du diese Tests mit dem Lösen eines Geduldsspieles oder einem Logikrätsel vergleichen. Die Aufgaben zum schlussfolgernden Denken setzen keinerlei spezifisches Fachwissen voraus, aber auch wenn es sich um „Intelligenztests" im weiteren Sinne handelt, ist das gezielte Üben intelligenter Lösungsstrategien hier ebenfalls von enormer Bedeutung. Aktuelle Studien[1] zeigen, dass die Testleistung durch eine gezielte Testvorbereitung substanziell verbessert werden kann. Das haben auch die TestherstellerInnen eingesehen und bieten daher selbst offizielle Lösungswege an. Das offizielle Übungsmaterial vermittelt jedoch keine Strategien, weshalb es eine umfassende Vorbereitung nicht ersetzen kann.

1 Scharfen, Jana & Peters, Judith & Holling, Heinz. (2018): Retest effects in cognitive ability tests: A meta-analysis. Intelligence. 67. 44-66. 10.1016/j.intell.2018.01.003.

Ψ TIPP

Ψ LONG STORY SHORT
Alle Testteile im STAV-Psych sind sehr gut trainierbar. Mit einer strukturierten Vorbereitung kannst Du Deine Leistung deutlich verbessern.

AUFBAU & DAUER

Das STAV-Psych untergliedert sich in sieben Untertests, deren Reihenfolge festgelegt ist. Es werden insgesamt drei verschiedene Testhefte ausgeteilt. Zwischen dem Einsammeln und Austeilen der Testhefte entsteht zwischen den Untertests „Verbales Schlussfolgern" & „Englischverständnis" sowie zwischen den Untertests „Biologiekenntnisse" und „Figurales Schlussfolgern" jeweils eine kurze Pause. Ansonsten gibt es zwischen den anderen Untertests keine Pausen und es muss direkt weitergearbeitet werden. Daher stellen nicht nur die Aufgaben an sich, sondern vor allem auch der permanente Zeitdruck die TeilnehmerInnen vor eine große Herausforderung.

ÜBERBLICK

UNTERTEST	AUFGABENZAHL	BEARBEITUNGSZEIT
NUMERISCHES SCHLUSSFOLGERN	20	18 Minuten
PSYCHOLOGIEVERSTÄNDNIS	21	40 Minuten
VERBALES SCHLUSSFOLGERN	20	18 Minuten
Ganz kurze Pause		
ENGLISCHVERSTÄNDNIS	21	45 Minuten
MATHEMATIKKENNTNISSE	20	23 Minuten
BIOLOGIEKENNTNISSE	20	8 Minuten
Ganz kurze Pause		
FIGURALES SCHLUSSFOLGERN	28	20 Minuten
STAV-PSYCH GESAMT	150	172 Minuten

INSIGHTS

Insgesamt erwarten Dich also 150 Aufgaben, für welche Dir 172 Minuten (also knapp 3 Stunden) Bearbeitungszeit zur Verfügung gestellt werden. Mit dem Verteilen und Einsammeln der Testhefte sowie den kurzen Pausen streckt sich die Gesamtdauer auf knapp 4 Stunden.

Als kleine Hilfestellung für Dich geben die TestleiterInnen innerhalb jedes Untertests nach der Hälfte der verstrichenen Zeit sowie drei Minuten vor Ende einen kurzen Hinweis zur noch verbleibenden Zeit.

Insgesamt werden drei Testhefte ausgeteilt, welche den drei oben dargestellten Blöcken entsprechen:

I. Testheft: Numerisches Schlussfolgern, Psychologieverständnis & verbales Schlussfolgern
II. Testheft: Englischverständnis, Mathematikkenntnisse, Biologiekenntnisse
III. Testheft: Figurales Schlussfolgern

Beim I. und II. Testheft bekommst Du einen extra Antwortbogen mitausgeteilt, beim figuralen Schlussfolgern (III. Testheft) werden die Antworten direkt ins Testheft eingetragen.

Inhaltlich lassen sich die Untertests darüber hinaus in drei unterschiedliche Fähigkeitsbereiche einteilen:

- Kognitive Fähigkeiten (Numerisches, verbales & figurales Schlussfolgern)
- Textverständnis (Psychologieverständnis & Englischverständnis)
- Relevantes Vorwissen (Mathematik- & Biologiekenntnisse)

AKTUELL

Wir haben von einigen TestteilnehmerInnen aus dem Jahr 2022 die Rückmeldung erhalten, dass die schlussfolgernden Untertests (numerisches, verbales und figurales Schlussfolgern) sowie der Untertest Mathematikkenntnisse nach Schwierigkeit gestaffelt wurden, beginnend mit vergleichsweise einfacheren Aufgaben hin zu schwierigeren Aufgaben. Die Einschätzung, welchen Schwierigkeitsgrad eine Aufgabe aufweist, kann man natürlich statistisch erheben. Dennoch kann Dein subjektives Empfinden der Aufgabenschwierigkeit davon abweichen, ganz dem geschuldet, wie Dein Vorwissensstand in den betroffenen Bereichen aussieht. Daher möchten wir Dir den folgenden Tipp geben: Wir haben die Aufgaben in diesem Simulationsbuch in den Untertests numerisches, verbales und figurales Schlussfolgern sowie Mathematikkenntnisse zwar nach ansteigendem Schwierigkeitsgrad gestaffelt, dennoch muss diese Staffelung nicht Deiner subjektiven Einschätzung entsprechen. Es kann also sehr gut sein, dass Dir Aufgaben zwischendurch schwerer fallen können, als das weiter hinten innerhalb eines Untertests der Fall ist. Wenn Du bei einer Aufgabe hängst, solltest Du also auf keinen Fall den Fehler machen, zu lange bei dieser Aufgabe zu verharren, da sie statistisch gesehen ja leichter sein muss als die kommende. Schwierigkeitsempfinden ist immer sehr subjektiv und abhängig von vielen Faktoren. Gehe in so einem Fall also flott zur nächsten Aufgabe weiter – möglicherweise fällt Dir diese subjektiv wieder leichter. Dieses Vorgehen empfehlen wir Dir sowohl bei der Bearbeitung unseres Probetests als auch in der realen Testsituation.

3. DEINE PERFEKTE VORBEREITUNG

Viele Wege führen nach Rom. Allerdings zeigt unsere Erfahrung, dass manche beschwerlicher sind als andere. Im Anschluss wollen wir Dir die wichtigsten Konzepte in aller Kürze vorstellen.

TRADITIONELLE VORBEREITUNG

Die traditionelle Vorbereitung, wie andere kommerzielle Unternehmen sie anbieten, ähnelt dem klassischen Schulunterricht. In einem mehrstündigen Seminar wirst Du in einer größeren Gruppe frontal unterrichtet. Ob Du die Informationen schon kennst oder ob das Unterrichtstempo zu schnell für Dich ist, spielt keine Rolle. Im Anschluss wirst Du mit einem Handout nach Hause geschickt. Hier sollst Du allein, also ohne die Möglichkeit, Rückfragen zu stellen, den gehörten Stoff vertiefen und anwenden. Stelle Dir den klassischen Mathematikunterricht vor: Hier muss die gesamte Klasse innerhalb von 45 Minuten den Dreisatz verstanden haben. In der Klasse gibt es bestimmt ein paar Schlaumeier, die den Dreisatz schon vor der Stunde anwenden konnten. Diese Overachiever werden sich vermutlich 45 Minuten langweilen. Auf der anderen Seite wird es eine große Gruppe geben, der es zu schnell ging und die auch nach der Unterrichtsstunde den Dreisatz noch nicht vollständig verstanden haben. Diese Underachiever werden sich sicherlich schwertun, die Hausaufgaben allein zu Hause zu lösen, da es beim Dreisatz nicht bloß um Anwendung, sondern um ein tieferes, komplexeres Verstehen geht.

Traditionelle Vorbereitung

VORBEREITUNG NACH DER MEDGURUS-METHODE

Ein modernes und gleichzeitig bewährtes Konzept mit sehr hohen Erfolgsraten ist die MedGurus-Methode. Diese Methode ist an das Flipped Classroom Konzept angelegt und setzt eine individuelle Vorbereitungszeit von im Idealfall mindestens 6 Wochen voraus. Flipped Classroom (oder auch: Blended Learning) besagt, dass Du Dir zuerst die neuen Inhalte selbstständig (in diesem Fall online in unserem E-Learning) erarbeitest und das Gelernte anschließend zum einen mit unserer Vielzahl an Übungsaufgaben aber auch in einer möglichen Lerngruppe mit anderen vertiefst und anwendest. Abschließend solltest Du unbedingt einmal eine Generalprobe absolviert haben, um die Testsituation zu simulieren. Wir empfehlen Dir, dieses Simulationsbuch genau für solch einen Probelauf zu nutzen. In unserem E-Learning hast Du zudem die Möglichkeit, eine weitere vollständige Simulation zu absolvieren.

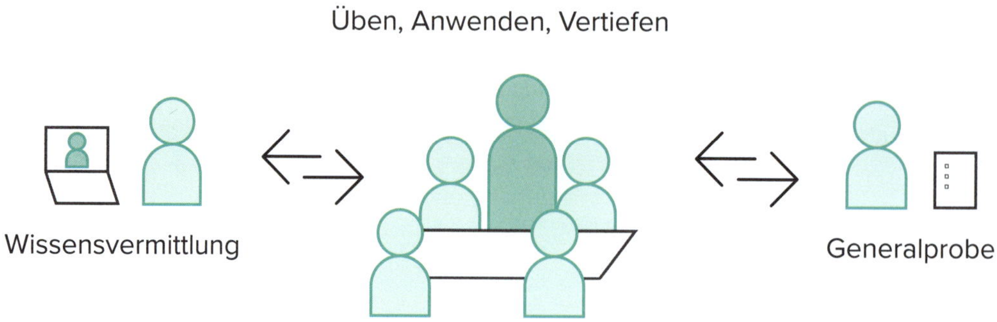

MedGurus-Methode

Das heißt, zunächst gilt es für Dich, einen Lernplan für den Teil der Wissensgenerierung zu erstellen. Anschließend übst Du die neuen Inhalte mithilfe unserer zahlreichen Aufgaben im E-Learning. Im weiteren Verlauf hast Du die Möglichkeit zur Vernetzung und zum Austausch mit anderen Lernenden in unserem Discord-Channel und unserer Abend-Akademie, ehe Du schließlich top vorbereitet in die Generalprobe mit diesem Simulationsbuch hineinstartest. Diese Punkte schauen wir uns im Folgenden noch einmal genauer an.

LERNPLAN

Für eine effektive STAV-Psych Vorbereitung ist es notwendig, das Trainingspensum strukturiert in einem Lernplan festzuhalten und kontinuierlich über mehrere Wochen zu trainieren. Hierbei ist besonders wichtig, sich zunächst einen Überblick über den Lernstoff zu verschaffen und erst danach einen Lernplan aufzustellen, den man in Wochen- und Tagespläne aufteilt. Im Folgenden zeigen wir Dir Schritt für Schritt wie Du einen individuellen Lernplan erstellst.

- Ψ **Schritt 1:**
  Besorge Dir einen großen Terminkalender, in welchem Du Deinen Lernplan erstellen kannst. Zunächst trägst Du dort alle wichtigen Termine (Termin des STAV-Psych, Ferien, Urlaub, Abiturprüfungen, Events, Anreise etc.) ein. Nun notierst Du mindestens eine Woche Zeitpuffer vor dem Termin des STAV-Psych für unvorhersehbare Ereignisse wie Krankheit oder kurzfristige Terminänderungen. Dieses Simulationsbuch solltest Du als Generalprobe für den Test spätestens eine Woche vor dem Test durchgearbeitet haben, um auf eventuelle Schwächen nochmal gezielter eingehen zu können – doch dazu später mehr. Den Tag vor dem STAV-Psych solltest Du Dir auf jeden Fall zur Entspannung und Ablenkung freihalten.

- Ψ **Schritt 2:**
  Nun planst Du Deinen Vorbereitungszeitraum und überträgst ihn in den Terminkalender. Wir empfehlen Dir eine Vorbereitungszeit von 72 Stunden, die Du auf sechs Vorbereitungswochen verteilst. Um den Lernplan möglichst gleichmäßig zu gestalten, solltest Du Dir für jede der sechs Wochen jeweils sechs Trainingstage blocken.

Ψ **Schritt 3:**

Die Tabelle Trainingspensum STAV-Psych fasst auf einen Blick zusammen wie häufig und mit welchem Zeitaufwand Du bestenfalls in einer Woche an Aufgaben für die einzelnen Untertests arbeitest. Die Tabelle Optimale Trainingswoche gibt Dir einen Eindruck davon, wie die Aufgaben für die Untertests auf sechs Übungstage die Woche verteilt werden können.

TRAININGSPENSUM STAV-PSYCH

UNTERTEST	TRAININGSPENSUM	ZEITLICHER AUFWAND	ANLEITUNGEN
NUMERISCHES SCHLUSSFOLGERN	3x pro Woche	18 Min	Ψ Mathematische Grundkenntnisse auffrischen Ψ Ausschließlich ohne Hilfsmittel trainieren Ψ Falsch gelöste Aufgaben nachbearbeiten
PSYCHOLOGIEVERSTÄNDNIS	2x pro Woche	40 Min	Ψ Mit Textmarker und Stift trainieren Ψ Nicht unmittelbar direkt nach Englischverständnis trainieren
VERBALES SCHLUSSFOLGERN	3x pro Woche	18 Min	Ψ Ausschließlich ohne Hilfsmittel trainieren Ψ Logik falsch gelöster Aufgaben nachvollziehen
ENGLISCHVERSTÄNDNIS	2x pro Woche	45 Min	Ψ Mit Textmarker und Stift trainieren Ψ Nicht unmittelbar direkt nach Psychologieverständnis trainieren
MATHEMATIKKENNTNISSE	4x pro Woche	23 Min	Ψ Mathematische Grundkenntnisse auffrischen Ψ Mit Stift und Papier trainieren Ψ Falsch gelöste Aufgaben nachbearbeiten
BIOLOGIEKENNTNISSE	4x pro Woche	8 Min	Ψ Handlungsschnelligkeit trainieren Ψ Falsch gelöste Aufgaben nachbearbeiten
FIGURALES SCHLUSSFOLGERN	3x pro Woche	20 Min	Ψ Ausschließlich ohne Hilfsmittel trainieren Ψ Logik falsch gelöster Aufgaben nachvollziehen

OPTIMALE TRAININGSWOCHE

UNTERTEST	ZEITLICHER AUFWAND	ANLEITUNGEN
TAG 1	ca. 02:10 Std.	Ψ Numerisches Schlussfolgern Ψ Psychologieverständnis Ψ Mathematikkenntnisse Ψ Biologiekenntnisse
TAG 2	ca. 01:50 Std.	Ψ Verbales Schlussfolgern Ψ Englischverständnis Ψ Figurales Schlussfolgern
TAG 3	ca. 01:20 Std.	Ψ Numerisches Schlussfolgern Ψ Mathematikkenntnisse Ψ Biologiekenntnisse
TAG 4	ca. 02:20 Std.	Ψ Verbales Schlussfolgern Ψ Psychologieverständnis Ψ Mathematikkenntnisse Ψ Figurales Schlussfolgern
TAG 5	ca. 01:45 Std.	Ψ Englischverständnis Ψ Mathematikkenntnisse Ψ Biologiekenntnisse
TAG 6	ca. 01:45 Std.	Ψ Numerisches Schlussfolgern Ψ Verbales Schlussfolgern Ψ Biologiekenntnisse Ψ Figurales Schlussfolgern

Ψ Schritt 4:

Nun kannst Du die detaillierte Tagesplanung für Deine erste Trainingswoche angehen. Gehe die Tagesplanung Deiner Vorbereitung immer nur für die nächste Vorbereitungswoche an, da Du so Dein Trainingspensum an Deine individuellen Stärken und Schwächen anpassen kannst. Achte darauf, jede Woche alle Untertests zu trainieren. Das ist wichtig. Denn wechselndes, also verzahntes Lernen, führt langfristig zu einem größeren Lernerfolg als geblocktes Lernen[2]. Es ist demzufolge also nicht sinnvoll, eine komplette Woche ausschließlich Untertest A und in der Woche darauf ausschließlich Untertest B zu üben usw.

2 Dunlosky, J. (2013). Strengthening the student toolbox: Study strategies to boost learning. American Educator, 37(3), 12-21.

Ψ TIPPS

Ψ REALITY-CHECK

Bei Deiner Trainingsplanung solltest Du Dir realistische Ziele setzen, mit denen Du Dich nicht überforderst. Mit dem geplanten Trainingspensum nicht Schritt halten zu können, ist frustrierend und demotivierend.

Ψ RHYTHMUSGEFÜHL

Für ein effektives Training ist es wichtig festzustellen, zu welcher Tageszeit Deine Konzentration optimal ist. Morgens, mittags, nachmittags, abends, nachts? Daher empfehlen wir Dir, Dich über eine Woche hinweg selbst zu beobachten und aufzuschreiben, zu welcher Tageszeit Du geistig besonders aufnahmefähig bist und Deine Trainingszeiten entsprechend anzupassen.

Ψ TIME-OUT

Es gilt zwar Deine Konzentrationsfähigkeit zu steigern, Dein Gehirn benötigt jedoch auch Zeiten, um neue Informationen zu verarbeiten und abzuspeichern. Die Lehr-/Lernforschung hat erwiesen, dass regelmäßige Pausen den Lernerfolg signifikant erhöhen im Vergleich zu geblocktem Lernen ohne regelmäßige Pausen[2]. Deshalb sind Pausen ein essentieller Bestandteil einer jeden Lerneinheit. Deine Pausenaktivität unterscheidet sich vom Lernen dadurch, dass Dein Gehirn weniger Input verarbeiten muss. Bewegte Bilder und Bildschirmzeit verlangen viel Rechenleistung von Deinem Oberstübchen. Vielleicht kannst Du stattdessen an die frische Luft oder zum Sport gehen.

E-LEARNING

Sobald der Lernplan steht, geht es ans Eingemachte! Dabei bildet unser E-Learning den Einstieg, in dem Du Dich mit den Untertests vertraut machen kannst. Du bekommst einen Überblick über alle Themengebiete angeboten und hast vielfältige Möglichkeiten, Dich ihnen zu nähern. Beispielsweise erklärt Dir unser E-Learning zunächst mithilfe von Video-Tutorials und ausgearbeitete Fallbeispielen (sogenannte Worked Examples) die jeweiligen Bearbeitungsstrategien. Anschließend kannst Du diese mit Hilfe vieler hunderter Übungsaufgaben im Rahmen unserer Online-Simulationen einstudieren und Deinen Kenntniszuwachs überprüfen. Unser E-Learning verfügt außerdem über ein Echtzeit-Ranking, das Dir zeigt, wie Du Dich im Vergleich mit anderen NutzerInnen des E-Learnings schlagen würdest.

ABEND-AKADEMIE

Im Rahmen unserer abendlichen Online-Akademie hast Du die Möglichkeit, Dein Wissen interaktiv im virtuellen Raum zu vertiefen. Ganz nach der Logik des flipped classroom Konzeptes solltest Du an dieser Stelle schon über ein Grundlagenwissen verfügen, um gemeinsam mit unseren ExpertInnen tiefer einsteigen zu können. Jedes Online-Seminar ist dabei eine in sich geschlossene Lerneinheit, sodass Du jederzeit dazustoßen kannst. Der interaktive Austausch mit den anderen ist zudem auch jedes Mal sehr unterhaltsam, unsere ExpertInnen freuen sich auf jeden Fall auf Dich! Für Termine zur Abend-Akademie informiere Dich regelmäßig auf unserer Homepage.

Um die Inhalte vertiefen zu können, muss aber nicht immer zwangsläufig ein Experte oder eine Expertin von uns MedGurus mit dabei sein. Auf der Plattform **Discord** hast Du die Möglichkeit, Dich mit anderen InteressentInnen des STAV-Psych aus Deiner Nähe zu connecten und zur gemeinsamen Vorbereitung zu verabreden. Folge dem nebenstehenden QR-Code, um zu unserem Discord-Channel zu gelangen.

Ihr könnt z. B. versuchen, Euch gegenseitig zu challengen und selbst Übungsaufgaben zu einem spezifischen Untertest erstellen. Auch wenn die Aufgaben möglicherweise nicht hundertprozentig korrekt sein sollten, hilft Dir der Austausch mit den anderen, Deine Fehler und blinden Flecken aufzudecken, die Du im Selbststudium ohne andere Mitlernende möglicherweise gar nicht erkennen würdest. Außerdem hat die Lehr-/Lernforschung gezeigt, dass es – im Vergleich zu bloßem auswendig lernen – einen signifikant größeren Lernerfolg mit sich bringt, wenn man sich aktiv Fragen zum Lernstoff überlegt und diese beantwortet („testing effect“).[3]

STAV-PSYCH SIMULATIONSBUCH

Unser Simulationsbuch enthält einen kompletten STAV-Psych Test mit evaluierten Aufgaben zu allen einzelnen Untertests. Du solltest zum Abschluss Deiner Vorbereitung mit dem Simulationsbuch eine realistische Generalprobe durchführen. Bei Deiner Generalprobe wirst Du nochmals wichtige Erkenntnisse erlangen, wie es sich anfühlt, alle Aufgaben am Stück und unter Zeitdruck auszuführen. Lerne, Deine Kräfte einzuteilen!

Plane mindestens noch eine Woche Puffer zwischen der Generalprobe und dem tatsächlichen Test ein, sodass Du noch Zeit hast, an Deinen im Probetest aufgedeckten Schwächen weiterzuarbeiten.

Der digitale Antwortbogen ist die digitale Erweiterung des Simulationsbuches und bietet Dir viele Vorteile. Hier kannst Du Deine Antworten übertragen und jederzeit korrigieren. Du erhältst eine detaillierte Auswertung mit Ranking, die Dir zeigt, wie gut Du im Vergleich zu allen anderen TeilnehmerInnen abgeschnitten hast. Alle Musterlösungen sind in der digitalen Auswertung einsehbar und werden ständig aktualisiert und erweitert.

3 Dunlosky, J. (2013). Strengthening the student toolbox: Study strategies to boost learning. American Educator, 37(3), 12-21.

TIPPS

FEELING LONELY

Im E-Learning und über den digitalen Auswertungsbogen hast Du jederzeit die Möglichkeit, unser Mentorat-Team zu kontaktieren und somit schnell kompetente Hilfe zu den einzelnen Aufgaben zu erhalten. Hierzu musst Du nur die Feedback-Funktion bei den Musterlösungen zu der jeweiligen Aufgabe nutzen. Du kannst also von zu Hause lernen und trotzdem bei Bedarf Hilfe beim MedGurus Mentorat anfordern.

FREE LOVE

Im E-Learning findest Du einen kostenlosen Einstufungstest. Diesen solltest Du unbedingt und ganz am Anfang absolvieren. Er gibt Dir einen schnellen Überblick über Deine Stärken und Schwächen.

PLAY IT SAFE

In der E-Learning Vollversion schalten wir Dir eine weitere vollständige Generalprobe frei. Die Textaufgaben kannst Du zuvor ausdrucken und Dich somit perfekt zu Hause vorbereiten. Denn: Eine Generalprobe ist gut, zwei sind besser!

QUALITÄT DER AUFGABEN

Die Qualität der Aufgaben ist von entscheidender Bedeutung. Es bringt Dir nichts, mit zu leichten oder falschen Aufgaben zu trainieren. Aus diesem Grund werden alle MedGurus Übungsaufgaben vorher von FachautorInnen geprüft und lektoriert. Durch intelligente Peer Assessments werden die Aufgaben zusätzlich evaluiert. Der Schwierigkeitsgrad jeder Aufgabe kann dadurch exakt bestimmt werden. Durch unsere smarte Distraktorenanalyse (Analyse der Falschantworten) verbessern wir unsere Aufgaben zusätzlich.

LATEST NEWS

Unsere Bücher werden jährlich, unser E-Learning laufend aktualisiert. Dennoch haben wir es natürlich nicht in der Hand, falls sich ganz kurzfristig noch etwas im STAV-Psych ändern sollte, was wir nicht mehr vollständig im E-Learning und in den Büchern abbilden können. Wir versuchen immer, alle Änderungen schnellstmöglich und treffend abzubilden. Das ist aufgrund der Kurzfristigkeit der Entscheidungen allerdings nicht immer möglich.

Aus diesem Grund empfehlen wir Dir, Dich bis zum Testtag regelmäßig auf unserer Blogseite www.medgurus.de/blog zu informieren, damit Du keine wesentlichen Neuerungen mehr verpasst.

4. SCHRITT FÜR SCHRITT ZUM ERFOLG

Schritt 1

Besorge Dir ausreichend Übungsmaterial. Die Grundlage für eine effektive Vorbereitung ist hochwertiges Übungsmaterial. In unserem E-Learning kannst Du mit über 1000 originalgetreuen Aufgaben auf Testniveau trainieren.

Schritt 2

Erstelle Dir einen Lernplan. Ein Lernplan gibt Dir ein Gefühl von Handlungsfähigkeit und Kontrolle in Bezug auf die Anforderungen der Testvorbereitung. "Knowledge is only a rumor until it lives in the muscle" (Zitat des Asaro Stammes aus Indonesien und Papua-Neuguinea). Dein Lernplan ist nur so gut, wie Du ihn auch umsetzt. Wie Du einen Lernplan erstellst, hast Du im vorherigen Kapitel Deine perfekte Vorbereitung erfahren.

Schritt 3

Halte Ausschau nach einer Lerngruppe. Auf unserem Discord-Channel kannst Du Dich mit Deinen LeidensgenossInnen kurzschließen. Wie Du zum Discord-Channel gelangst, erfährst Du im Kapitel Produktübersicht. Betrachte die anderen TeilnehmerInnen nicht als Konkurrenz, sondern als Unterstützung auf Deinem Weg zum Studienplatz. Die anderen denken übrigens genauso – und wer weiß, vielleicht sehr ihr euch ja dann im Studium wieder.

Schritt 4

Das bequeme Einlesen in die einzelnen Untertests und das Aneignen der Bearbeitungsstrategien kann nun erfolgen. Wir empfehlen Dir hierfür das Kapitel Keyfacts in diesem Buch und unsere ausführlichen Lektionen mit weiterführenden Strategien in unserem E-Learning.

Schritt 5

Absolviere einen Probetest. Nach einer mehrwöchigen Vorbereitungsphase solltest Du Deinen Leistungsstand und -fortschritt mithilfe eines Probetests überprüfen. Dadurch hast Du die Möglichkeit, Schwächen aufzudecken und im Anschluss gezielt zu trainieren. Zudem erhältst Du erstmals ein Gefühl dafür, wie es sich anfühlt, einen kompletten STAV-Psych zu absolvieren. Neben der Simulation in diesem Buch, mit der Du einen realistischen Probetest zu Hause durchführen kannst, bieten wir auch einen zusätzlichen kompletten Probetest im Rahmen unseres E-Learnings an.

Schritt 6

Der letzte Schritt beinhaltet, an Tag X vor Selbstvertrauen strotzend und mit der notwendigen Gelassenheit dem Test zu begegnen und das Ding nach Hause zu bringen. Nur Mut, du schaffst das!

5. TESTDUCHFÜHRUNG DES STAV-PSYCH

DO'S & DON'TS

Das STAV-Psych wird nach strengen Regeln durchgeführt.

DO'S:
Mitgebracht werden MÜSSEN in jedem Fall die offizielle Einladung zum STAV-Psych, ein amtlicher Lichtbildausweis und die Einverständniserklärung der Eltern bei minderjährigen TeilnehmerInnen. Außerdem MÜSSEN für die Bearbeitung des Antwortbogens zwei Bleistifte (Härtegrad HB, B, 2B) sowie ein Radiergummi mitgebracht werden.

Zusätzlich DÜRFEN folgende Dinge mit in den Testsaal genommen werden: ein Getränk & Verpflegung, einzelne Taschentücher, Textmarker (für die Untertests Psychologie- und Textverständnis), Bleistiftspitzer, ein einfacher Digitalwecker, Desinfektionstücher bzw. Desinfektionsmittel, gegebenenfalls Medikamente und medizinische Hilfsmittel.

Im Testdurchlauf 2022 musste aufgrund der Corona-Pandemie zusätzlich ein medizinischer Mund-Nasen-Schutz mitgebracht werden. Informiere Dich hierzu rechtzeitig auf der Homepage der Testhersteller.

AKTUELL

- **TIC TAC**
  Armbanduhren sind offiziell verboten. Dafür ist es Dir gestattet, einen simplen Digitalwecker mit ausgeschalteter Alarmfunktion mitzubringen. Die Kontrollen sind allerdings auch hier sehr streng. Im Testdurchlauf 2022 wurde uns jedoch zurückgemeldet, dass Uhren in den Sälen vorhanden waren.

DON'TS:
Zur Bearbeitung des STAV-Psych darfst Du keine Hilfsmittel wie z. B. einen Taschenrechner nutzen. Ausdrücklich NICHT zugelassen sind außerdem: Ohropax, Bücher, Mobiltelefone, Lineale, Geodreiecke, Kugelschreiber, Kameras, Jacken, Mäntel, Kopfbedeckungen, Mäppchen, Brillenetuis, Taschen, Sitzkissen, Zigaretten, Schlüssel und Maskottchen.

VORSICHT

Alle erlaubten Gegenstände dürfen nur in einem vollständig durchsichtigen Beutel transportiert werden.

6. BEARBEITUNG DES ANTWORTBOGENS

Wie im **Kapitel Allgemeines und Aufbau** bereits beschrieben, werden vom Testhersteller drei verschiedene Antwortbögen ausgegeben. Zu den Testheften I und II gibt es separate Antwortbögen. Das letzte Testheft zum figuralen Schlussfolgern ist auch gleichzeitig der Antwortbogen.

Allen Antwortbögen gemein ist, dass Du (nach den Erfahrungen aus dem Testdurchlauf 2022) keine Kreuzchen setzt, sondern das richtige Antwortkästchen ausmalst:

Markierung im STAV-Psych

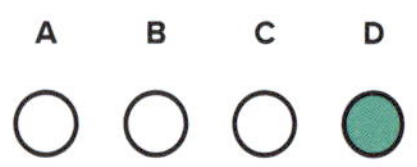

Falls Du eine falsch markierte Antwort korrigieren möchtest, musst Du den Schreib- oder Markierungsfehler sauber und ohne Schreibspuren ausradieren und die neue Antwort ausmalen.

Ψ TIPPS

Ψ CODING

Im Testdurchlauf 2022 musste man nicht seinen Namen auf den Antwortbogen schreiben, sondern bekam datenschutzkonform einen individuellen Code auf einem Klebeetikett, welchen man auf seine Materialien klebte. Das wird im kommenden Test sehr wahrscheinlich wieder genau so ablaufen.

Ψ HANDLE WITH CARE

Der Antwortbogen wird maschinell ausgewertet und muss daher äußerst pfleglich behandelt werden. Notizen oder Anmerkungen sind auf dem Antwortbogen strikt untersagt (mit Ausnahme des Antwortbogens zum figuralen Schlussfolgern, welcher gleichzeitig das Testheft darstellt).

Ψ HERE & NOW

Alle Antworten müssen sofort auf den Antwortbogen übertragen werden, da nur die Markierungen auf dem Antwortbogen in die Wertung eingehen und Du nach dem Ende eines Untertests keine Möglichkeit mehr hast, die Antworten aus dem Fragenheft auf den Antwortbogen zu übertragen.

Ψ CHECKS & BALANCES

Bei der Übertragung der Antworten auf den Antwortbogen musst Du stets genau prüfen, ob Du Deine Markierung bei der richtigen Aufgabennummer setzt. Du solltest vor jeder Markierung die Aufgabennummer im Fragenheft mit der Aufgabennummer auf dem Antwortbogen abgleichen. Das hört sich banal an, aber wenn man Aufgaben überspringt, kann es schnell zu Übertragungsfehlern kommen.

Ψ FOUR IN A ROW

Da es beim STAV-Psych für falsche Antworten keine Minuspunkte gibt, solltest Du immer eine Antwort markieren. Für Aufgaben, bei denen Du die Lösung nicht kennst und die Auswahl nicht per Ausschlussverfahren einschränken kannst, gibt es folgenden Tipp: Hebe Dir die Aufgaben bis zum Schluss auf und schau Dir alle beantworteten Aufgaben des Untertests an. Wähle dann den Antwortbuchstaben aus, der am seltensten vorkam. Setze da Deine Markierung.

EXKURS

Warum four in a row funktioniert

Warum steigt die Wahrscheinlichkeit, einen Treffer zu landen, wenn ich einen Buchstaben ankreuze, der noch nicht so häufig angekreuzt wurde? An Universitäten werden bei Multiple-Choice Tests verschiedene Versionen generiert. Dadurch soll verhindert werden, dass TestteilnehmerInnen, die nebeneinandersitzen, die Antwortbögen „abschreiben" können. Ein Computer generiert automatisch die verschiedenen Versionen, indem er dieselben Aufgaben in der Reihenfolge der Aufgaben und der Antworten vermischt. Da ein Computer Perfektionismus anstrebt, hast Du die Möglichkeit zu spekulieren. Setze auf die am seltensten „verbrauchte" Antwort. Diesen Tipp kannst Du später im Studium immer noch anwenden.

QUINTESSENZ

- Das STAV-Psych ist ein neues Auswahlverfahren für den Bachelorstudiengang Psychologie in Baden-Württemberg, mit dem Du Deine Chancen auf einen Studienplatz maßgeblich verbessern kannst.
- Du darfst das STAV-Psych nur einmal absolvieren. Ergreife diese Möglichkeit! Aktuelle Studien belegen, dass Du Dich sehr gut auf die abgefragten Fähigkeiten vorbereiten kannst. Der Aufbau und die Aufgabentypen sind vorab bekannt: Nutze das für Deine Vorbereitung!
- Die Erfahrungen der letzten Jahre haben gezeigt, dass moderne, digitale Vorbereitungsmöglichkeiten den traditionellen Methoden überlegen sein können. Nutze alle Möglichkeiten, um Dich optimal vorzubereiten!
- Mache Dich mit den Regeln und Abläufen am Testtag vertraut, um keine bösen Überraschungen zu erleben.

KEYFACTS 2

KEYFACTS

1. NUMERISCHES SCHLUSSFOLGERN

KEYFACTS

	NUMERISCHES SCHLUSSFOLGERN
Aufgaben	20
Bearbeitungszeit insgesamt	18 Minuten
Bearbeitungszeit pro Aufgabe	54 Sekunden
Zeitdruck	Hoch
Geprüfte Kernkompetenz	Schlussfolgerndes Denken & mathematische Fähigkeiten
Varianz des Schweregrades	Schweregrad variiert und steigt im Testverlauf an
Trainierbarkeit	Anspruchsvoll
Erlaubte Hilfsmittel	Keine
Trainingspensum	3 × pro Woche für mindestens 6 Wochen

Im Untertest Numerisches Schlussfolgern werden Deine mathematischen Fähigkeiten und Deine Kompetenz im schlussfolgernden Denken abgeprüft. In diesem Untertest musst Du aus einer mathematischen Textaufgabe mit unterschiedlichen Informationen die richtigen Elemente sinnvoll miteinander in Beziehung setzen, um am Ende auf eine eindeutig richtige Antwort A-D zu kommen. Das Aufgabensetting weist einen alltäglichen Kontext auf. Die Aufgaben können alle im Kopf gelöst werden, manchmal müssen Werte jedoch gerundet werden, um möglichst wenig Zeit zu verlieren. Die Schwierigkeit ergibt sich hierbei dadurch, dass Du ohne Hilfsmittel und unter enormem Zeitdruck arbeiten musst. Im Testdurchlauf 2022 waren die Aufgaben zudem nach ansteigender Schwierigkeit geordnet.

Zeitdruck

Im STAV-Psych müssen 20 Aufgaben in 18 Minuten bearbeitet werden. Das heißt, Du hast im Durchschnitt pro Aufgabe 54 Sekunden Zeit. Die Bearbeitungszeit ist damit die gleiche wie in vergleichbaren Medizinertests. Der Zeitdruck ist hoch.

Trainierbarkeit

Numerisches Schlussfolgern gehört zu den anspruchsvollen Untertests des STAV-Psych. Du kannst Dein Ergebnis durch eine gute Vorbereitung deutlich verbessern. Allerdings ist es sehr ratsam, dafür wesentlich mehr Zeit zu investieren als beispielsweise bei den Untertests, die das figurale oder verbale Schlussfolgern abprüfen. Ein gutes Ergebnis in diesem Untertest kann den entscheidenden Unterschied ausmachen, da viele TeilnehmerInnen mit den mathematischen Aufgaben große Probleme haben.

KOMPETENZEN UND FÄHIGKEITEN

Folgende Kompetenzen und Fähigkeiten möchten die EntwicklerInnen bei diesem Untertest auf die Probe stellen:

- Schlussfolgerndes Denken, insbesondere Kombinationsfähigkeit
- Mathematische Fähigkeiten, insbesondere Kopfrechnen

Ψ TIPPS

RUNDUNGEN VORNEHMEN

Die Aufgaben in diesem Untertest waren bisher gut mit dem kleinen und großen Einmaleins im Kopf ohne Runden lösbar. Falls doch eine kompliziertere Aufgabe dabei sein sollte, kannst Du Zeit sparen, wenn Du die Zahlen in der Aufgabe rundest. Dann merk Dir aber ganz genau, ob Du zu tief oder zu hoch gerundet hast! Wenn Du abgerundet hast, ist das tatsächliche Ergebnis höher, wenn Du aufgerundet hast, ist das tatsächliche Ergebnis niedriger!

Im Gegensatz zu den anderen Untertests des schlussfolgernden Denkens werden beim numerischen Schlussfolgern essenzielle mathematische Vorkenntnisse (Rechnen mit Prozenten, verschiedenen Einheiten und Wahrscheinlichkeiten) vorausgesetzt, ohne die eine Bearbeitung des Untertests nicht möglich ist. In unserem E-Learning werden Dir diese relevanten mathematischen Grundlagen erklärt und Du hast die Möglichkeit, sie anhand der zahlreichen Übungsaufgaben einzustudieren. Außerdem haben wir das VO(R)-Prinzip entwickelt, das Dir helfen wird, die Aufgaben systematisch zu knacken.

2. PSYCHOLOGIEVERSTÄNDNIS

KEYFACTS

	PSYCHOLOGIEVERSTÄNDNIS
Aufgaben	21
Bearbeitungszeit insgesamt	40 Minuten
Bearbeitungszeit pro Aufgabe	ca. 114 Sekunden
Zeitdruck	Sehr hoch
Geprüfte Kernkompetenz	Sprachverständnis
Varianz des Schweregrades	Schweregrad variiert
Trainierbarkeit	Gut
Erlaubte Hilfsmittel	Im Testheft Notizen und Markierungen
Trainingspensum	2 × pro Woche für mindestens 6 Wochen

Im Untertest Psychologieverständnis wird Dein Sprachverständnis geprüft, indem Du komplexe Texte lesen, strukturieren, verstehen und anschließend Fragen dazu beantworten musst. Die Texte behandeln verschiedene psychologische Inhalte (von grundlegenden psychologischen Konzepten bis hin zur klinischen Psychologie). Bei diesen Untertests sind Notizen und Markierungen ausdrücklich erlaubt.

Zeitdruck

Im STAV-Psych müssen 7 Texte mit insgesamt 21 Fragen innerhalb von 40 Minuten bearbeiten werden. Das bedeutet, dass es in der Regel 3 Fragen zu jedem Text gibt. Durchschnittlich hast Du ca. 114 Sekunden Zeit für eine Frage. Allerdings musst Du zuvor den Text gelesen und strukturiert haben. Die Bearbeitungszeit ist damit kürzer bemessen als in vergleichbaren Medizinertests. Der Zeitdruck ist sehr hoch.

Trainierbarkeit

Die Erfahrung zeigt, dass jede/r in diesem Untertest ein gutes Ergebnis erreichen kann. Die Voraussetzung dafür ist, dass Du eine Bearbeitungsstrategie einstudierst und diese mit Hilfe möglichst vieler Übungsaufgaben kontinuierlich trainierst. Es dauert zwar etwas, bis Du die ersten Ergebnisse siehst, aber Du wirst Dein Abschneiden in diesem Untertest definitiv verbessern. Die Trainierbarkeit ist demnach gut. Zudem zählt die Fähigkeit, sich mit komplexen Sachverhalten strukturiert auseinandersetzen zu können, zu den Kompetenzen, die Du täglich im Studium wirklich gebrauchen kannst. Dies sollte eine zusätzliche Motivation für Dich sein.

KOMPETENZEN UND FÄHIGKEITEN

Folgende Kompetenzen und Fähigkeiten möchten die EntwicklerInnen bei diesem Untertest auf die Probe stellen:

- Sprachverständnis und Lesekomptenz, insbesondere das Strukturieren von komplexen Sachverhalten

Es wird klar, dass die Texte, mit denen Du Dich auseinandersetzen musst, nicht nur inhaltlich äußerst komplex sind, sondern auch die Satzstruktur bewusst kompliziert gestaltet ist. Die Sätze sind lang, verschachtelt und mit vielen Nebensätzen und Appositionen versehen. Hinzu kommt, dass Du mit zahlreichen Fachbegriffen und Fremdwörtern konfrontiert wirst, die Du nicht kennst und die teilweise auch nicht näher im Text erklärt werden. Außerdem werden die Texte in der Regel wahlweise mit Diagrammen oder Tabellen angereichert, die es zu interpretieren gilt. Dies alles dient dem Zweck, einen Text zu präsentieren, der die TeilnehmerInnen bewusst überfordert.

Viele TeilnehmerInnen machen den Fehler, dass sie versuchen, sich alles, was in den Texten erklärt und beschrieben wird, einzuprägen, um im Anschluss die Fragen beantworten zu können. Doch leider funktioniert dieses Vorgehen nicht. Zum einen braucht man zum akribischen Lesen der Texte zu viel Zeit und zum anderen kann man sich die zahlreichen Details, die in diesen komplexen Texten erwähnt werden, nicht in der kurzen Zeit merken. Diese Herangehensweise braucht viel Zeit, ist ineffektiv und der Grund, weshalb viele TeilnehmerInnen beim Psychologieverständnis schlecht abschneiden.

TIPP

VISUALISIERUNG

Beim Psychologieverständnis geht es darum, einen Text zu strukturieren und komplexe Sachverhalte in kleinen Skizzen festzuhalten. Indem man die Struktur des Textes herausarbeitet und kleine Skizzen anfertigt, kann man die Fragen durch gezieltes Nachlesen im Text bzw. Nachschauen in den Skizzen effizient und sicher beantworten.

In unserem E-Learning findest Du viele Übungstexte, welche Du Dir zu Hause ausdrucken kannst, um die Strukturierung der Texte und das Zeichnen der Skizzen realitätsnah zu trainieren. Außerdem bekommst Du weitere Informationen zur sinnvollen Strukturierung der Texte sowie zur Auswertung von Diagrammen.

3. VERBALES SCHLUSSFOLGERN

KEYFACTS

	VERBALES SCHLUSSFOLGERN
Aufgaben	20
Bearbeitungszeit insgesamt	18 Minuten
Bearbeitungszeit pro Aufgabe	54 Sekunden
Zeitdruck	Hoch
Geprüfte Kernkompetenz	Schlussfolgerndes Denken
Varianz des Schweregrades	Schweregrad variiert und steigt im Testverlauf an
Trainierbarkeit	Sehr gut
Erlaubte Hilfsmittel	Keine
Trainingspensum	3 × pro Woche für mindestens 3 Wochen

In den Aufgabenstellungen dieses Untertests erwarten Dich mehrere Aussagen, die durch Operatoren miteinander in Beziehung stehen. Durch logische Schlussfolgerungen aus diesen Aussagen kannst Du die richtige von vier Antwortmöglichkeiten ausfindig machen. Es ist die einzige Antwort, die mit Sicherheit zutrifft. Antwortmöglichkeiten, deren Wahrheitsgehalt nicht entscheidbar ist, gelten dabei genauso als falsch wie Antwortmöglichkeiten, die sicher nicht zutreffen. Dem Verständnis der verschiedenen Operatoren und den daraus ableitbaren Regeln kommt dabei eine entscheidende Rolle zu.

OPERATOREN	BEDEUTUNG	BEISPIEL
KONJUNKTION: „UND“	Verbindungen: Verbinden zwei unabhängige Satzteile miteinander, sodass diese untrennbar zusammengehören.	Kai lernt nicht für das STAV-Psych und geht ins Kino.
ÄQUIVALENZ: „GENAU DANN, WENN“	Zusammenhänge: Immer genau dann, wenn A eintritt, muss auch B eintreten, und umgekehrt.	Genau dann, wenn Kai nicht für das STAV-Psych lernt, geht er ins Kino.
DISJUNKTION (NICHT AUSSCHLIESSEND): „ODER“	Nicht-ausschließendes Kriterium: Entweder A oder B oder beides tritt ein.	Kai lernt morgens für das STAV-Psych oder er geht abends ins Kino.

DAS LOGISCHE ODER

Beim Operator „oder“ musst Du besonders vorsichtig sein, denn hier unterscheidet sich die Bedeutung im normalen Sprachgebrauch von der im Test. Im normalen Sprachgebrauch wird „oder“ meistens benutzt, wenn es zwei Optionen gibt, die sich gegenseitig ausschließen. „A oder B ist wahr“ bedeutet im Test aber so viel wie „A oder B oder beides ist wahr“. Das heißt, dass mindestens eine der Optionen wahr sein muss. Es können allerdings, im Gegensatz zum normalen Sprachgebrauch, auch beide Optionen wahr sein.

Zeitdruck

Im STAV-Psych müssen 20 Aufgaben in 18 Minuten bearbeitet werden. Das heißt, Du hast im Durchschnitt 54 Sekunden Bearbeitungszeit pro Aufgabe. Die Bearbeitungszeit ist damit identisch mit der in vergleichbaren Medizinertests. Der Zeitdruck ist hoch. Im Testdurchlauf 2022 waren die Aufgaben zudem nach ansteigender Schwierigkeit geordnet.

Trainierbarkeit

Verbales Schlussfolgern gehört zu den sehr gut trainierbaren Untertests des STAV-Psych. Hier kannst Du Dein Ergebnis durch eine gute Vorbereitung sehr deutlich verbessern. Sobald Du die Aussagenlogik durchschaut hast, kannst Du durch reines Wiederholen und Training immer besser werden. Du wirst dabei schnelle Erfolge merken. Die volle Punktzahl muss Dein Ziel bei diesem Untertest sein.

KOMPETENZEN UND FÄHIGKEITEN

Folgende Kompetenzen und Fähigkeiten möchten die EntwicklerInnen bei diesem Untertest auf die Probe stellen:

- Schlussfolgerndes Denken
- Erkennen von Abhängigkeiten und Zusammenhängen
- Herleitung nicht direkt im Text stehender Informationen (Transferleistung)

Ψ TIPPS

Ψ LUCHSAUGE

Lies Dir die Aufgabenstellung immer ganz genau durch! Häufig sind die Aufgaben so gestellt, dass ein kleines Wort (z. B. „nicht“) die komplette Aufgabe verändern kann. Sei daher besonders aufmerksam.

In unserem E-Learning findest Du eine wunderbare Schritt-für-Schritt-Anleitung, mit der Du ein tieferes Verständnis für die Aussagenlogik erhältst. Wir zeigen Dir außerdem, welche Besonderheiten und Gemeinheiten auf Dich zukommen können. Im Anschluss kannst Du mit den zahlreichen Übungen trainieren und Dir die zugehörigen Musterlösungen anschauen.

4. ENGLISCHVERSTÄNDNIS

KEYFACTS

	ENGLISCHVERSTÄNDNIS
Aufgaben	21
Bearbeitungszeit insgesamt	45 Minuten
Bearbeitungszeit pro Aufgabe	ca. 129 Sekunden
Zeitdruck	Sehr hoch
Geprüfte Kernkompetenz	Schlussfolgerndes Denken & Sprachverständnis der englischen Sprache
Varianz des Schweregrades	Schweregrad variiert
Trainierbarkeit	Gut
Erlaubte Hilfsmittel	Im Testheft Notizen und Markierungen
Trainingspensum	3 × pro Woche für mindestens 6 Wochen

Im Untertest Englischverständnis wird genau wie im Untertest Psychologieverständnis Dein Sprachverständnis abgeprüft, indem Du komplexe Texte lesen, strukturieren, verstehen und anschließend Fragen hierzu beantworten musst. Die Texte behandeln dieselben psychologischen Inhalte wie im Untertest Psychologieverständnis, nur eben in englischer Sprache. Wie auch im Untertest Psychologieverständnis können die Texte durch Diagramme oder Tabellen angereichert sein. Bei diesem Untertest sind Notizen und Markierungen ausdrücklich erlaubt.

Zeitdruck

Im STAV-Psych müssen 7 Texte mit insgesamt 21 Fragen innerhalb von 45 Minuten bearbeiten werden. Das bedeutet, dass es in der Regel 3 Fragen zu jedem Text gibt. Durchschnittlich hast Du ca. 129 Sekunden Bearbeitungszeit für eine Frage. Allerdings musst Du zuvor den Text gelesen und strukturiert haben. Die Bearbeitungszeit ist damit kürzer bemessen als in vergleichbaren Medizinertests. Der Zeitdruck ist sehr hoch.

Trainierbarkeit

Grundsätzlich kannst Du in diesem Untertest ein gutes Ergebnis erreichen. Die Voraussetzung dafür ist dieselbe wie beim Untertest Psychologieverständnis. Zusätzlich muss Du Deine Lesekompetenz in englischer Sprache verbessern. Das schaffst Du leider nicht, indem Du zukünftig Deine Lieblingsserie auf Englisch anschaust. Um Deine Lesekompetenz zu verbessern, musst Du mit anspruchsvollen, englischen Texten trainieren und Dir angewöhnen, Vokabeln zu wiederholen – insbesondere die, bei denen Du Probleme hattest. Die Trainierbarkeit ist trotzdem gut. In Deinem Studium wirst Du später viele interessante Studien und Konzepte in englischer Sprache lesen, das Training hilft Dir also ebenfalls, im Studium später besser klarzukommen. Dies sollte eine zusätzliche Motivation für Dich sein.

KOMPETENZEN UND FÄHIGKEITEN

Folgende Kompetenzen und Fähigkeiten möchten die EntwicklerInnen bei diesem Untertest auf die Probe stellen:

- Sprachverständnis, insbesondere das Strukturieren von komplexen Sachverhalten
- Lesekompetenz, insbesondere in englischer Sprache

Ψ TIPP

Ψ LET'S STUDY

Mit „Netflix & Chill" kommst Du hier nicht weiter. Du musst Dich mit anspruchsvollen Texten in englischer Sprache beschäftigen. Vokabeln pauken ist zwar anstrengend, dafür wird Dir die Lesekompetenz in Englisch Dein Studium später erleichtern.

In unserem E-Learning findest Du viele Übungstexte, die Du Dir zuhause ausdrucken kannst, um Deine Strukturierung der Texte realitätsnah zu trainieren. Außerdem bekommst Du die Möglichkeit, wichtige psychologiespezifische Vokabeln zu trainieren.

5. MATHEMATIKKENNTNISSE

KEYFACTS

	MATHEMATIKKENNTNISSE
Aufgaben	20
Bearbeitungszeit insgesamt	23 Minuten
Bearbeitungszeit pro Aufgabe	69 Sekunden
Zeitdruck	Hoch
Geprüfte Kernkompetenz	Fachwissen Mathematik
Varianz des Schweregrades	Schweregrad variiert und steigt im Testverlauf an
Trainierbarkeit	Aufwendig
Erlaubte Hilfsmittel	Im Testheft Notizen und Markierungen
Trainingspensum	3-5 × pro Woche für mehr als 6 Wochen

Im Untertest Mathematikkenntnisse werden Deine mathematischen Fähigkeiten und Dein vorhandenes Fachwissen auf den Prüfstand gestellt. In diesem Untertest musst Du mathematische Textaufgaben zu den Bereichen „Algebra“, „Analysis“, „Analytische Geometrie“ und „Stochastik“ lösen. Bei diesem Untertest sind Notizen und Nebenrechnungen ausdrücklich erlaubt.

Zeitdruck

Im STAV-Psych müssen 20 Aufgaben in 23 Minuten bearbeitet werden. Das heißt, Du hast im Durchschnitt 69 Sekunden Bearbeitungszeit pro Aufgabe. Die Bearbeitungszeit ist damit etwas länger als bei anderen standardisierten Aufnahmetests. Da Du aber vermutlich die ein oder andere schriftliche Rechnung erstellen wirst, ist der Zeitdruck dennoch als hoch einzustufen. Im Testdurchlauf 2022 waren die Aufgaben nach ansteigender Schwierigkeit geordnet.

Trainierbarkeit

TeilnehmerInnen mit Vorwissen haben einen Vorteil. Für die große Mehrheit der TeilnehmerInnen gehört der Test „Mathematikkenntnisse“ zu den anspruchsvollen Untertests des STAV-Psych. Du kannst Dein Ergebnis durch eine gezielte Vorbereitung deutlich verbessern. Je nach Kenntnisstand musst Du mehr oder weniger Zeit investieren. Ein gutes Ergebnis in diesem Untertest kann den entscheidenden Unterschied ausmachen, da die Erfahrung zeigt, dass viele TeilnehmerInnen mit den mathematischen Aufgabenstellungen große Probleme haben.

KOMPETENZEN UND FÄHIGKEITEN

Folgende Kompetenzen und Fähigkeiten möchten die EntwicklerInnen bei diesem Untertest auf die Probe stellen:

- Fachwissen Mathematik
- Mathematische Fähigkeiten, insbesondere Kopfrechnen

Ψ TIPP

Ψ ÜBUNG MACHT DEN GURU
Wenn Du im Abi nicht gut in Mathe warst: Kein Problem! Nutze die Gelegenheit und zeige Deine Motivation. Mathematik ist durch Fleiß für Jede und Jeden erlernbar.

Es werden bei diesem Untertest mathematische Vorkenntnisse abgefragt. In unserem E-Learning werden Dir diese relevanten mathematischen Grundlagen anhand von verständlichen Videos erklärt und Du hast die Möglichkeit, sie anhand der zahlreichen Übungsaufgaben mit ausführlichen Musterlösungen einzustudieren.

6. BIOLOGIEKENNTNISSE

KEYFACTS

	BIOLOGIEKENNTNISSE
Aufgaben	20
Bearbeitungszeit insgesamt	8 Minuten
Bearbeitungszeit pro Aufgabe	ca. 24 Sekunden
Zeitdruck	Sehr hoch
Geprüfte Kernkompetenz	Fachwissen Biologie
Varianz des Schweregrades	Schweregrad variiert
Trainierbarkeit	Aufwendig
Erlaubte Hilfsmittel	Im Testheft Notizen und Markierungen
Trainingspensum	3-5 × pro Woche für mehr als 6 Wochen

Im Untertest Biologiekenntnisse wird Dein vorhandenes Fachwissen zur psychologienahen Biologie abgefragt. In diesem Untertest musst Du Fragen zu den Bereichen „Anatomie", „Evolution", „Fortpflanzung und Entwicklung", „Genetik", „Neurobiologie", „Verhaltensbiologie", „Stoffwechsel" und Zellbiologie beantworten. Bei diesem Untertest sind Notizen ausdrücklich erlaubt.

Zeitdruck

Im STAV-Psych müssen 20 Aufgaben in nur 8 Minuten bearbeitet werden. Das heißt, man hat im Durchschnitt ca. 24 Sekunden pro Aufgabe Zeit. Die Bearbeitungszeit ist damit deutlich kürzer als bei standardisierten Single-Choice-Prüfungen zu Fachwissen an den Universitäten. Der Zeitdruck ist deshalb als sehr hoch einzustufen. Solltest Du bei einer Aufgabe nicht sofort auf die richtige Antwort schließen können, verweile nicht zu lange und gehe lieber direkt zur nächsten Aufgabe über.

Trainierbarkeit

Biologiekenntnisse gehört zu den anspruchsvollen Untertests des STAV-Psych. Eine Vorbereitung ist zwar sehr gut möglich, benötigt aufgrund der großen Stoffmenge aber eine entsprechende Motivation und Durchhaltevermögen. Du kannst Dein Ergebnis durch eine gezielte Vorbereitung deutlich verbessern. Je nach Kenntnisstand musst Du mehr oder weniger Zeit investieren.

KOMPETENZEN UND FÄHIGKEITEN

Folgende Kompetenzen und Fähigkeiten möchten die EntwicklerInnen bei diesem Untertest auf die Probe stellen:

- Fachwissen Biologie
- Test-Wiseness

TIPP

TEST-WISENESS
Test-Wiseness bezeichnet die Fähigkeit, Strategien zur Beantwortung von Fragen zu nutzen, die unabhängig von dem thematischen Inhalt und Wissen sind und durch Hinweise seitens der Testkonstruktion nahegelegt werden.

Es werden bei diesem Untertest biologische Vorkenntnisse abgefragt. In unserem E-Learning werden Dir diese relevanten Themen erklärt und Du hast die Möglichkeit, sie anhand der zahlreichen Übungsaufgaben mit ausführlichen Musterlösungen einzustudieren.

7. FIGURALES SCHLUSSFOLGERN

KEYFACTS

	FIGURALES SCHLUSSFOLGERN
Aufgaben	28
Bearbeitungszeit insgesamt	20 Minuten
Bearbeitungszeit pro Aufgabe	ca. 43 Sekunden
Zeitdruck	Mittel
Geprüfte Kernkompetenz	Schlussfolgerndes Denken & Visuokonstruktion
Varianz des Schweregrades	Schweregrad variiert und steigt im Testverlauf an
Trainierbarkeit	Sehr gut
Erlaubte Hilfsmittel	Keine
Trainingspensum	3 × pro Woche für mindestens 3 Wochen

In diesem Untertest musst Du anhand acht ausgestalteter Würfel (Matrizen) den neunten Würfel ableiten. Die TestentwicklerInnen kombinieren dabei verschiedene geometrische Elemente und Operatoren, welche in der Leserichtung von links nach rechts zeilenweise eine Logik ergeben. Dabei müssen aus einem Pool von 20 Elementen diejenigen Elemente herausgesucht werden, die in Summe den fehlenden neunten Würfel ergeben.

Mit den verschiedenen Symbolarten müssen verschiedene Operationen ausgeführt werden. Folgende Operationen können dabei auftreten:

- **Drehung:**
  Die Symbolelemente werden um den Kästchenmittelpunkt gedreht. Die Drehung geschieht im oder gegen den Uhrzeigersinn.

- **Addition:**
  Die dritte Zelle enthält alle Symbolelemente der ersten und zweiten Zelle.

- **Subtraktion:**
  Die Symbolelemente in der zweiten Zelle werden von denen in der ersten Zelle „abgezogen", sodass in der dritten Zelle nur noch die zu sehen sind, die in der ersten, aber nicht in der zweiten Zelle vorkommen.

- **Einzelkomponentenaddition:**
  Die dritte Zelle enthält alle Symbolelemente, die nur entweder in der ersten oder in der zweiten Zelle enthalten sind. Die dritte Zelle enthält somit keine Symbolelemente, die in beiden vorangehenden Zellen enthalten sind. Es gilt somit „doppelt fliegt raus".

- **Schnittmenge:**
  Die dritte Zelle enthält alle Symbolelemente, die in der ersten und in der zweiten Zelle abgebildet sind. Es gilt somit „doppelt bleibt drin".

- **Vollständigkeit:**
  Bei dieser Operation steht in den drei Zellen einer Zeile (z. B in der Mitte der Zelle) jeweils ein unterschiedliches Symbol. In jeder Zeile muss jedes der drei verwendeten Symbole genau einmal vorkommen. Das Symbol der Operation Vollständigkeit muss jedoch nicht zwangsläufig in der Mitte stehen. Im Testdurchlauf 2022 waren die Symbole beispielsweise auch in den Ecken oder am Rand zu finden. Auch kam es im Testdurchlauf 2022 vor, dass in einer Zeile nur zwei statt drei Symbole zu finden waren und die Abstinenz eines Symbols, also sozusagen die „leere Menge" auch als ein Symbol gewertet wurde. Darauf bist Du nun aber vorbereitet und lässt Dich davon nicht verwirren!

Zeitdruck

Im STAV-Psych müssen 28 Aufgaben in 20 Minuten bearbeitet werden. Du hast im Durchschnitt ca. 43 Sekunden pro Aufgabe Bearbeitungszeit. Die Bearbeitungszeit ist identisch mit der in vergleichbaren Medizinertests und ist für diese Fragestellung ausreichend. Der Zeitdruck ist mittel. Im Testdurchlauf 2022 waren die Aufgaben nach ansteigender Schwierigkeit geordnet.

Trainierbarkeit

Figurales Schlussfolgern gehört zu den sehr gut trainierbaren Untertests des STAV-Psych. Hier kannst Du Dein Ergebnis durch eine gute Vorbereitung sehr deutlich verbessern. Sobald Du Dir die beste Herangehensweise angeeignet hast, kannst Du durch reines Wiederholen und Training immer besser werden. Du wirst schnelle Erfolge merken. Die volle Punktzahl muss Dein Ziel bei diesem Untertest sein.

KOMPETENZEN UND FÄHIGKEITEN

Folgende Kompetenzen und Fähigkeiten möchten die EntwicklerInnen bei diesem Untertest auf die Probe stellen:

- Schlussfolgerndes Denken, insbesondere Kombinatorik
- Visuokonstruktion

Ψ TIPP

Ψ SLOW DOWN

Schau Dir die oftmals kombinierten Elemente in den Matrizen einzeln und in Ruhe an und betrachte den Würfel nicht als Ganzes. So kannst Du Dich effizient und Stück für Stück an die Lösung herantasten.

In unserem E-Learning findest Du eine wunderbare Schritt-für-Schritt Anleitung, mit der Du die Operatoren einüben kannst. Im Anschluss solltest Du mit den zahlreichen Übungen trainieren und Dir die dazugehörigen Musterlösungen anschauen.

3 STAV-PSYCH SIMULATION

STAV-PSYCH SIMULATION

1. WICHTIGE HINWEISE

ANTWORTBOGEN

Im Kapitel Anwortbogen findest Du den Antwortbogen zur Bearbeitung der STAV-Psych Simulation. Falls Du ihn nochmal separat ausdrucken willst, folge einfach dem nebenstehenden QR-Code.

DIGITALE TESTLEITUNG

Damit Du das STAV-Psych möglichst realitätsnah mit diesem Buch simulieren kannst, haben wir für Dich einen Audio-Track erstellt, der Dich durch das gesamte STAV-Psych führt. Alle Zeiten sind vorgegeben und werden entsprechend von unserem Testleiter an Dich kommuniziert. Durch unsere digitale Testleitung musst Du Dich nicht mehr um die Bearbeitungszeiten der einzelnen Untertests kümmern und kannst Dich ganz auf die Beantwortung der Aufgaben konzentrieren. Folge einfach dem nebenstehenden QR-Code, um den Audio-Track zu starten.

DIGITALE AUSWERTUNG MIT RANKING

Mit der digitalen Auswertung hast Du die Möglichkeit, das Ergebnis dieser STAV-Psych Simulation automatisch ermitteln zu lassen und ein Ranking zu erhalten, das Dir Aufschluss darüber gibt, wie gut Du im Vergleich zu allen anderen AbsolventInnen abgeschnitten hast. Nachdem Du Dich zuvor kostenlos in unserem E-Learning registriert hast, gelangst Du nach der Freischaltung über den nebenstehenden QR-Code direkt zum digitalen Antwortbogen, in den Du Deine Antworten dieser STAV-Psych Simulation eintragen kannst. Im nächsten Schritt erhältst Du dann Deine Auswertung und nimmst am Ranking teil.

MUSTERLÖSUNGEN

Nach der Durchführung der digitalen Auswertung kannst Du alle Musterlösungen zu den Aufgaben digital einsehen. Wie Du möglicherweise bereits bemerkt hast, bieten wir sämtliche Musterlösungen (bis auf das figurale Schlussfolgern) ausschließlich digital an. Auf diese Weise ist es uns gelungen, einige Mengen an Papier einzusparen. Dies hat mehrere Vorteile: Zum einen können wir so einen winzig kleinen Beitrag zur Rettung des Planeten leisten und zum anderen bleibt der Preis des

Simulationsbuchs für Dich in einem erträglichen Rahmen. Außerdem sind die digitalen Musterlösungen immer auf dem aktuellsten Stand. Folge daher einfach dem nebenstehenden QR-Code, um zu den Musterlösungen zu gelangen. Du kannst sie außerdem als pdf herunterladen und hast sie somit jederzeit auch offline verfügbar.

Ψ TIPP

Sei ehrlich zu Dir selbst, stell' Dir einen Digitalwecker und halte die pro Untertest vorgegebenen Zeiten ein. Versuche, in der Bearbeitungszeit möglichst nicht gestört zu werden, um Deine Konzentration nicht unterbrechen zu müssen. Hänge dafür zum Beispiel ein „Nicht stören"-Schild an Deine Zimmertür.

All das trägt dazu bei, dass Du ein möglichst realistisches Testszenario durchlaufen kannst.

2. NUMERISCHES SCHLUSSFOLGERN

VORSICHT

Bevor Du mit der Bearbeitung der STAV-Psych Simulation beginnst, solltest Du Dir unbedingt das **Kapitel STAV-Psych Simulation – Wichtige Hinweise** durchlesen. Dort findest Du weiterführende Informationen zum Antwortbogen, zur digitalen Testleitung, zur digitalen Auswertung mit Ranking und zu den Musterlösungen.

Die folgenden 20 Aufgaben prüfen Ihre Fähigkeit, im Rahmen alltäglicher Fragestellungen mit Zahlen, Größen und Einheiten korrekt umzugehen. Zur Bearbeitung der **20 Aufgaben** stehen **18 Minuten** zur Verfügung.

Wählen Sie zu jeder Frage die zutreffende Antwort aus und markieren Sie den entsprechenden Lösungsbuchstaben auf dem Antwortbogen. Es handelt sich um Single-Choice, es ist also immer nur eine Antwort korrekt. Alle Rechenschritte müssen im Kopf durchgeführt werden, Sie dürfen sich keine Notizen machen. Die Aufgaben werden nach ansteigendem Schwierigkeitsgrad präsentiert.

1. Zwei Freundinnen wollen sich an einer Eisdiele treffen. Die eine geht zu Fuß und benötigt für die 600 m zur Eisdiele 9 Minuten. Die andere muss eine Wegstrecke von 2,4 km zurücklegen. Da sie mit dem Fahrrad fährt, bewegt sie sich dreimal so schnell fort wie ihre Freundin.

Wann muss sie mit ihrem Fahrrad losfahren, damit sie um 16:20 an der Eisdiele ankommt?

(A) 16:02
(B) 16:04
(C) 16:06
(D) 16:08

2. Zwei PsychologInnen versorgen gemeinsam 72 PatientInnen. Dabei versorgt PsychologIn 1 siebenmal so viele PatientInnen wie PsychologIn 2.

Wie viele PatientInnen versorgt PsychologIn 1?

(A) 62
(B) 63
(C) 64
(D) 65

3. Eine Skihose, die sich während der Skisaison schlecht verkauft hat, wird im Schlussverkauf um 25 Prozent günstiger angeboten. Da die Skihose auch nach dieser Preisreduzierung kein Interesse weckt, wird sie nochmals um 20 Prozent heruntergesetzt.

Wie hoch war der reguläre Preis, wenn sie nach beiden Preisreduzierungen noch 60 Euro kostet?

(A) 60 Euro
(B) 80 Euro
(C) 100 Euro
(D) 120 Euro

4. Eine Bakterien-Kolonie wächst alle 12 Minuten um 10 %. In einem Experiment wird eine solche Kolonie mit 20 000 Bakterien untersucht. Nach 24 Minuten werden 50 % der dann vorhandenen Bakterien entfernt.

Wie viele Bakterien enthält die Kolonie danach noch?

(A) 11 000
(B) 12 100
(C) 12 200
(D) 12 500

5. Eine Psychiaterin verschreibt einem Patienten ein Medikament gegen seine Angststörung, wovon er für die nächsten 8 Tage täglich 3-mal 500 mg zu sich nehmen soll. Sie will dem Patienten eine Packung verschreiben, bei welcher der Inhalt auf jeden Fall für die 8-tägige Therapie bis zum nächsten Treffen ausreicht, jedoch am Ende möglichst wenig Wirkstoff übrigbleibt. Alle Tabletten sind beliebig teilbar.

Welche Packung sollte sie dem Patienten verschreiben?

(A) Packungsgröße: 10 Tabletten à 1000 mg
(B) Packungsgröße: 20 Tabletten à 750 mg
(C) Packungsgröße: 25 Tabletten à 500 mg
(D) Packungsgröße: 40 Tabletten à 250 mg

6. Bei einer Besprechung in einer psychosomatischen Klinik wird nacheinander das Krankheitsbild von 33 PatientInnen durchgesprochen. Jeder Person wurde bereits eine Hauptdiagnose gestellt: Drei PatientInnen leiden an einer Angststörung, 8 PatientInnen haben ein Burnout-Syndrom, 13 PatientInnen haben eine Anpassungsstörung und 9 PatientInnen sind an einer Essstörung erkrankt. Die Besprechung startet um 13:00.

Wann wird spätestens das erste Mal ein Krankheitsbild mit der Hauptdiagnose Anpassungsstörung besprochen, wenn jedes Krankheitsbild 7 Minuten Besprechungszeit benötigt?

(A) 15:20
(B) 15:27
(C) 15:34
(D) 14:41

Umblättern und weiterarbeiten!

7. In einer Petrischale wächst eine Bakterienkultur. Bei der ersten Messung beträgt der Durchmesser 2 mm. In gleichmäßigen Abständen wird noch zweimal gemessen. Bei jeder der weiteren Messungen ist der Durchmesser der Bakterienkultur im Vergleich zur vorigen Messung um 50 % größer.

Wie groß ist der Durchmesser der Bakterienkultur bei der dritten Messung?

(A) 3,5 mm
(B) 4 mm
(C) 4,5 mm
(D) 8 mm

8. Person A, B und C schälen Äpfel für einen Apfelkompott. Person A schält 7 Äpfel in 20 Minuten, Person B schafft 9 Äpfel in 40 Minuten und bei Person C sind es 12 Äpfel in 1,5 Stunden.

Wie viele Äpfel schälen die drei Personen in 2 Stunden?

(A) 77
(B) 81
(C) 85
(D) 89

9. Die empfohlene Eisenzufuhr über die Nahrung beträgt für eine Frau 15 mg pro Tag. Eine Patientin hat heute bereits 7,5 mg Eisen aufgenommen. Sie isst nun 75 g Linsen und hat danach insgesamt 90 % der empfohlenen Eisenzufuhr gedeckt.

Wie viel Eisen ist in 100 Gramm Linsen enthalten?

(A) 6 mg
(B) 8 mg
(C) 13,5 mg
(D) 18 mg

10. Vier KrankenpflegerInnen brauchen 52 Minuten, um 26 PatientInnen zu versorgen.

Wie lange brauchen neun KrankenpflegerInnen, um 18 PatientInnen zu versorgen?

(A) 4 Minuten
(B) 16 Minuten
(C) 18 Minuten
(D) 36 Minuten

11. In einer Tagesklinik sind 12 Kinder zum Besuch der Klinikschule in 3 Gruppen eingeteilt. Für die Gruppen gelten unterschiedliche Regelungen für den Schulbesuch. Für Gruppe 1 beginnt die Schule um 8:30 Uhr, Gruppe 2 beginnt eine halbe Stunde später mit dem Unterricht und Gruppe 3 geht ab 11 Uhr in die Schule.

Wie viele Kinder sind in Gruppe 2, wenn die Schule für 7 Kinder erst nach 8:45 Uhr beginnt und 9 Kinder nicht in Gruppe 3 sind?

(A) 4
(B) 5
(C) 6
(D) 7

12. Ein Medikament für depressive PatientInnen wird zunächst an Ratten erprobt. Die optimale Dosis für eine 200 g schwere Laborratte wurde dabei zu 1,5 mg des Medikaments ermittelt. Es wird angenommen, dass sich das Verhältnis von Medikamentenmenge zu Körpergewicht linear skalieren lässt.

Welche Menge des Medikaments müsste demnach für eine Studie mit 4 jeweils 70 kg schweren Menschen insgesamt bereitgestellt werden, wenn jede Person die optimale Dosis erhalten soll?

(A) 1,05 mg
(B) 2,1 mg
(C) 525 mg
(D) 2,1 g

13. In einer Praxis für Psychoanalyse wird ein neues Sofa angeschafft. Das Sofa kostet 16 000 Euro. Es wird eine Anzahlung von 4 300 Euro geleistet. Der Rest soll in Raten von monatlich 2 500 Euro abbezahlt werden. Dafür werden einmalig 5 % Zinsen auf den Grundpreis fällig, die mit den Raten abbezahlt werden.

Wie viele Monate dauert es, bis das Sofa abbezahlt ist?

(A) 5
(B) 6
(C) 7
(D) 8

Umblättern und weiterarbeiten!

14. Ein Testentwickler schreibt Aufgaben für einen Aufnahmetest. Insgesamt muss er 150 Aufgaben schreiben. Er hat dafür 8 Wochen mit je 5 Arbeitstagen Zeit eingeplant. Pro Tag arbeitet er 3 Stunden an den Aufgaben. Um eine Aufgabe zu erstellen, benötigt er im Schnitt 40 Minuten. In regelmäßigen Abständen möchte er seine eigenen Aufgaben Korrektur lesen.

Wie viel Zeit kann er sich an jedem Arbeitstag für das Korrekturlesen nehmen, wenn er die Korrekturlesezeit gleichmäßig auf die Tage verteilt?

(A) 45 Minuten
(B) 40 Minuten
(C) 35 Minuten
(D) 30 Minuten

15. Ein Patient erhält 2 Infusionen von je 400 ml. Bei der ersten werden 0,8 ml pro Sekunde abgegeben. Die zweite läuft mit 0,5 ml pro Sekunde. Der Wechsel zwischen den Infusionen dauert 3 Minuten.

Wie lange dauert es, bis beide Infusionen durchgelaufen sind?

(A) 8 min 60 s
(B) 24 min 40 s
(C) 21 min 40 s
(D) 11 min 60 s

16. Die Krankenversicherung eines Patienten übernimmt für dessen anstehende Psychoanalyse pauschal 35 % der Kosten. Zusätzlich können von den nicht übernommenen Kosten nochmals 40 % zur individuellen Überprüfung eingereicht werden, wobei die Krankenversicherung nur 50 % der zur Überprüfung eingereichten Kosten übernimmt.

Wie viel zahlt die Krankenversicherung des Patienten im Regelfall für eine Psychoanalyse, die 5 000 € kostet?

(A) 1 750 €
(B) 2 100 €
(C) 2 400 €
(D) 2 750 €

17. Dein Arbeitsplatz ist 20 Schritte vom Drucker entfernt. Du musst pro Tag durchschnittlich 15-mal eine Seite drucken und dafür jedes Mal zum Drucker laufen. 15 % der Seiten musst Du wegen eines Fehldrucks noch einmal ausdrucken und dafür jeweils einmal extra zum Drucker laufen. Pro Schritt benötigst Du 0,5 Sekunden.

Wie viel Zeit bist Du im Schnitt pro Tag damit beschäftigt, zum Drucker und zurück zu laufen?

(A) 345 s
(B) 350 s
(C) 355 s
(D) 1360 s

18. Auf der psychosomatischen Station einer Klinik ist ein Teil der PatientInnen an einer Depression erkrankt. In der ersten Woche waren 15 % der PatientInnen erkrankt. In der zweiten Woche waren im Vergleich zur ersten Woche 50 PatientInnen mehr auf der Station und von allen PatientInnen waren 18 % an einer Depression erkrankt. In der dritten Woche waren im Vergleich zur zweiten Woche 20 Personen mehr auf der Station. Insgesamt waren in dieser Woche 24 % der PatientInnen an einer Depression erkrankt.

Wie viele PatientInnen waren in der ersten Woche an einer Depression erkrankt, wenn in der dritten Woche 60 PatientInnen erkrankt waren?

(A) 27
(B) 29
(C) 32
(D) 37

19. In einer Region sind 80 % der Einwohner volljährig. Die Wahrscheinlichkeit, dass eine zufällig ausgewählte Person mindestens ein Geschwisterteil hat und volljährig ist, beträgt 60 %. Insgesamt gibt es in der Region nur halb so viele Personen ohne Geschwister wie Personen mit mindestens einem Geschwisterteil.

Wie hoch ist die Wahrscheinlichkeit, dass eine zufällig ausgewählte Person ein minderjähriges Einzelkind ist?

(A) 22,5 %
(B) 25 %
(C) 33,3 %
(D) 13,3 %

20. Eine Krankenhausstation wird vorübergehend geschlossen. Diese Zeit soll unter anderem dafür genutzt werden, alle Betten auf der Station gründlich zu reinigen. Pro Bett werden dafür 25 Minuten veranschlagt. Auf der Station befinden sich 5 Doppel- und 2 Einzelzimmer.

Wie viel schneller ginge das Putzen, wenn anstatt zwei Personen zusätzlich zwei weitere Hilfskräfte bei der Bettenreinigung eingesetzt würden, die beiden Hilfskräfte für ein Bett allerdings jeweils doppelt so lange benötigen?

(A) 1 Stunde und 20 Minuten
(B) 1 Stunde und 10 Minuten
(C) 1 Stunde
(D) 50 Minuten

Nicht umblättern! Weitere Bearbeitung erst nach Zeichen der Testleiterin oder des Testleiters.

STOP!

3. PSYCHOLOGIEVERSTÄNDNIS

Mit Hilfe dieses Untertests wird Ihre Fähigkeit geprüft, umfangreiches und komplexes Textmaterial aufzunehmen und zu verarbeiten. Die Texte sind inhaltlich und grammatikalisch anspruchsvoll. Zur Erarbeitung der Fragen dürfen Sie Notizen und Unterstreichungen tätigen.

Es werden Ihnen verschiedene Textabschnitte vorgelegt. Auf jeden Textabschnitt folgen Fragen, die Sie ausschließlich auf die im Text beschriebenen Informationen beziehen sollen. Zur Bearbeitung der **21 Fragen** stehen Ihnen **40 Minuten** zur Verfügung.

Wählen Sie bei jeder Frage die zutreffende Antwort aus und markieren Sie den entsprechenden Lösungsbuchstaben auf dem Antwortbogen. Es handelt sich um Single-Choice, es ist also immer nur eine Antwort korrekt.

Textabschnitt zur Aufgabe 21

In einer Studie werden PatientInnen mit ADHS (Aufmerksamkeitsdefizit-/Hyperaktivitätsstörung) in zwei Untersuchungsgruppen unterschiedlicher Größe aufgeteilt. Eine Gruppe erhält ein Psychostimulans mit dem Wirkstoff Methylphenidat. Psychostimulanzien sind Substanzen, die die Aktivität oder Reaktionsgeschwindigkeit von Nervenzellen erhöhen und auf den Organismus anregend wirken. Davon erhofft man sich eine erhöhte Leistungs- und Konzentrationsfähigkeit im Alltag. Im Gegensatz dazu erhält die andere Gruppe ein Placebo, das genau wie das Medikament aussieht, aber keinen Wirkstoff enthält. Nach der Behandlung müssen die PatientInnen in einem Fragebogen bewerten, ob sich die ADHS-Symptomatik a) gebessert, b) nicht geändert oder sich c) sogar verschlechtert hat. Davon unabhängig untersuchen PsychiaterInnen die PatientInnen und schätzen die Entwicklung der Symptomatik anhand derselben drei Antwortmöglichkeiten ein. Im nachfolgenden Diagramm ist das Ergebnis der Untersuchung dargestellt.

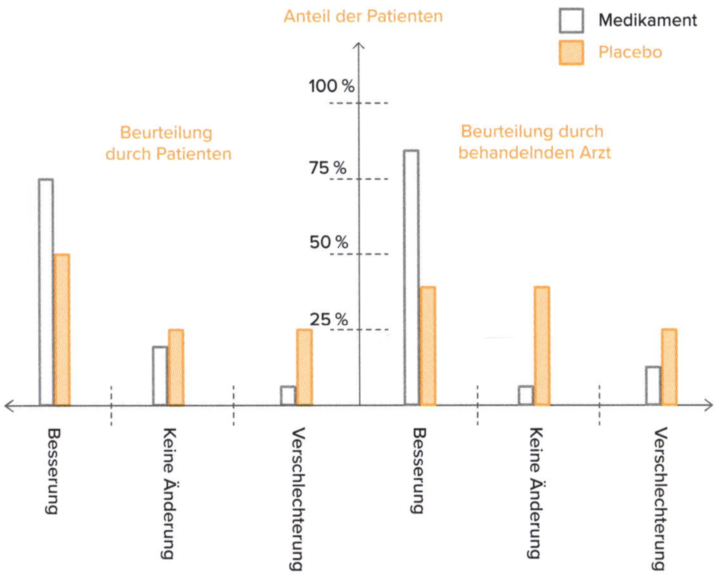

Untersuchungsergebnisse[1]

21 Welche Aussage lässt sich am ehesten aus der Grafik ableiten?

(A) PsychiaterInnen und PatientInnen stellen bei Gabe des Placebos gleich häufig fest, dass keine Verschlechterung eingetreten ist.

(B) Die Anzahl der PatientInnen, die eine Besserung wahrnehmen, ist in der Medikamentengruppe größer als in der Placebogruppe.

(C) In weniger als 60 % der Fälle stellen die PatientInnen bei Gabe des Placebos eine Veränderung fest.

(D) Ein Drittel der PatientInnen stellt bei Gabe des Placebos eine Verschlechterung fest.

1 vgl. Methylphenidat (MPH) bei AD(H)S (o.D.), abgerufen am 16.06.2021 von https://www.adxs.org/adhs-behandlung-therapie/medikamente-bei-adhs-uebersicht/geeignete-medikamente-bei-adhs/medikamente-bei-adhs-methylphenidat-mph/

Umblättern und weiterarbeiten!

Textabschnitt zu den Aufgaben 22-27[2]

Die Diagnostik ist eine Teildisziplin der Psychologie, welche geleitet von einer spezifischen Fragestellung Informationen erhebt, um menschliches Verhalten beschreiben oder prognostizieren zu können. „Diagnostisches Interview" ist ein Überbegriff für alle Methoden, die untersuchungsrelevante Informationen durch ein Gespräch erfassen. Für einen diagnostischen Auftrag wie ein Einstellungsgespräch werden beispielsweise berufliche Erfahrungen und Kompetenzen abgefragt, um die Eignung eines Bewerbers für eine Führungsposition abschätzen zu können. Im klinischen Bereich hat ein diagnostisches Interview meist den Zweck, eine Diagnose zu stellen. Eine psychologische Diagnose ist die Beurteilung des psychischen Gesundheitszustandes eines Menschen durch ExpertInnen. Dies erfolgt meist anhand von Klassifikationssystemen, wie zum Beispiel das DSM-5 für psychische Erkrankungen. Bestandteil eines Interviews zu diesem Zweck kann die Anamnese sein. Durch gezielte Gesprächsführung werden die subjektive Symptomatik und die Vorgeschichte einer klinischen Störung erfragt.

Zur Klassifizierung eines diagnostischen Interviews ist das Ausmaß der Standardisierung ein wichtiges Kriterium. Interviews können unstandardisiert, standardisiert oder halbstandardisiert sein. Bei einem vollständig unstandardisierten klinischen Interview ist lediglich das Ziel, eine Störung zu diagnostizieren, vorgegeben. Die Formulierung der Fragen liegt im Ermessen der InterviewerInnen. Bei vollständig standardisierten Interviews sind die Fragen vorher in einer konkreten, nicht zu verändernden Formulierung und Abfolge festgelegt.

Die Standardisierung beeinflusst die Qualität eines psychologischen Interviews, insbesondere das Kriterium der Objektivität. Objektivität beschreibt allgemein, wie unabhängig ein Ergebnis von der untersuchenden Person und anderen externen Bedingungen ist. Die Durchführungsobjektivität ist eine Unterform der Objektivität, die sich spezifisch auf die Unabhängigkeit der Durchführung bezieht. So sollten verschiedene InterviewerInnen bei der Befragung derselben Person möglichst identische Daten erheben.

Bei unstandardisierten Interviews können die Fragen verschieden formuliert und somit möglicherweise von den TeilnehmerInnen unterschiedlich interpretiert und beantwortet werden. Das kann die Diagnose verzerren und die Durchführungsobjektivität reduzieren. Bei halbstandardisierten Interviews sind die Fragen zwar genau festgelegt, die Reihenfolge oder mögliche Nachfragen jedoch nicht.

Die Auswertungsobjektivität misst, wie unabhängig die Interpretation der im Interview gesammelten Daten von der auswertenden Person ist. Bei einer hohen Auswertungsobjektivität sollten unterschiedliche AuswerterInnen möglichst zu gleichen Diagnosen kommen. Hierbei helfen eindeutige Auswertungsvorgaben und klare Definitionen der Diagnosen. Klassifikationssysteme sind dafür heranzuziehen.

Psychologische Interviews finden oft in beruflichen Auswahlprozessen Anwendung. Passende Jobzuteilungen können durch ein multimodales Vorgehen entschieden werden. Zusätzlich zu einem Interview werden in die Entscheidung hier noch weitere Elemente, wie ein Fragebogen oder eine Arbeitsprobe, mit einbezogen.

Sowohl Standardisierung als auch multimodales Vorgehen können außerdem den störenden Einfluss äußerer Faktoren reduzieren, die von DiagnostikerInnen unbewusst registriert

2 Schmidt-Atzertz, L. & Amelang, M. (2012). Psychologische Diagnostik. Berlin, Heidelberg: Springer Verlag.

und in die Beurteilung aufgenommen werden, für die eigentliche Frage jedoch irrelevant sind. Diese Einflussfaktoren umfassen u. a. das äußere Erscheinungsbild, verbales Verhalten wie z. B. eine gewählte Ausdrucksweise oder nonverbales Verhalten wie z. B. starkes Lächeln, Blickkontakt oder eine zugewandte Körperhaltung. Am stärksten beeinflusst das äußere Erscheinungsbild ein Urteil.

22. Welche Aussage lässt sich am ehesten aus dem Text ableiten?

(A) Eine unterschiedliche Interpretation des Versuchsaufbaus durch unterschiedliche VersuchsleiterInnen gefährdet die Auswertungsobjektivität zwischen den Versuchspersonen.
(B) Eine niedrige Durchführungsobjektivität bedeutet, dass das Ergebnis eines Interviews nur sehr wenig von der durchführenden Person abhängig ist.
(C) Eine hohe Auswertungswertungsobjektivität wird durch möglichst viele verschiedene VersuchsleiterInnen erzielt.
(D) Bei einer Reihe von PatientInnen bedeutet eine niedrige Auswertungsobjektivität, dass sich die Anzahl der gestellten Diagnosen bei mehreren auswertenden Personen stark unterscheiden würde.

23. Welche Aussage lässt sich nicht aus dem Text ableiten?

(A) Der Gegenstand eines diagnostischen Interviews ist eine Fragestellung zu menschlichem Verhalten.
(B) Die diagnostische Fragestellung muss feststehen, bevor das Interview beginnt.
(C) Die Erhebung diagnostisch relevanter Informationen ist nicht nur über ein diagnostisches Interview möglich.
(D) Zur Prognose über die Entwicklung einer klinischen Störung ist eine Anamnese notwendig.

24. Welche Aussage lässt sich nicht aus dem Text ableiten?

(A) Werden zwei unstandardisierte Bewerbungsinterviews durchgeführt, überschneidet sich der Inhalt nicht.
(B) Bei zwei halbstandardisierten Interviews werden zunächst identische Fragen gestellt.
(C) Die Gütekriterien eines diagnostischen Interviews werden vom Ausmaß der Standardisierung beeinflusst.
(D) „Haben Sie in letzter Zeit Freude an ihren Freizeitaktivitäten verloren?“ und „Empfanden Sie in den letzten Wochen weniger Freude bei Hobbies?“ sind Fragen aus zwei gleichen unstandardisierten Interviews.

Umblättern und weiterarbeiten!

25. Welche Aussage lässt sich am ehesten aus dem Text ableiten?

(A) Ein gepflegtes Äußeres hat keinen Einfluss auf die Beurteilung.
(B) Zu einem multimodalen Vorgehen gehört eine Arbeitsprobe.
(C) Mit abnehmender Standardisierung des Interviews steigt der Einfluss von verzerrenden Faktoren wie Blickkontakt.
(D) Bei vollständig standardisierten Interviews werden die InterviewerInnen in standardisierte Gruppen eingeteilt.

26. Bei welchem der Beispiele handelt es sich um ein diagnostisches Interview?

(A) Um die Krankheitsbewältigung von MitarbeiterInnen zu verbessern, wird das Gesundheitsverhalten beobachtet.
(B) Um Jugendliche bei ihrer Berufswahl zu unterstützen, finden Beratungsgespräche durch die Bundesagentur für Arbeit statt.
(C) Ein/e PsychotherapeutIn stellt eine Diagnose anhand eines kurzen Anamnesegesprächs anhand von Erfahrungswerten.
(D) Um eine Rückfallprognose für frühzeitige Entlassungen von StraftäterInnen zu stellen, ist es notwendig, biografische Daten zu erfassen.

27. Studien haben gezeigt, dass ein positives Erscheinungsbild in einem Interview tatsächlich vorhersagen kann, ob jemand später erfolgreich im Job ist. Dieser Zusammenhang zwischen Erscheinungsbild und Berufserfolg ist jedoch geringer als der Zusammenhang zwischen dem Erscheinungsbild und der Urteilsverzerrung im Interview.

Welche Konsequenz sollte für das diagnostische Interview gezogen werden?

(A) Der geringere Zusammenhang impliziert, dass die Einflussfaktoren eher störend als diagnostisch sinnvoll sind.
(B) Einflussfaktoren ermöglichen es, zwischen einzelnen BewerberInnen besser zu unterscheiden.
(C) Die prognostisch störenden und hilfreichen Effekte des äußeren Erscheinungsbildes heben sich gegenseitig auf und sind daher zu vernachlässigen.
(D) Eine explizite Erfassung und prognostische Berücksichtigung des Erscheinungsbildes würde die Vorhersage des Berufserfolges verschlechtern.

Textabschnitt zur Aufgabe 28

Die operante Konditionierung ist eine klassische Lerntheorie, die die Gesetzmäßigkeiten beschreibt, nach denen ein Organismus sein Verhalten in Abhängigkeit von dessen Konsequenzen ändert. Sie wurde von Burrhus F. Skinner auf Basis von Experimenten mit Ratten und Tauben entwickelt und wird heute vor allem von TrainerInnen, TherapeutInnen und PädagogInnen genutzt, um neues Verhalten aufzubauen und zu trainieren.

Folgt auf ein Verhalten (kurz „R" wie reaction) eine bestimmte Konsequenz (kurz „C"), so verändert sich die Wahrscheinlichkeit des Auftretens dieses Verhaltens. Skinner bezeichnet diejenigen Konsequenzen, die diese Wahrscheinlichkeit erhöhen („R↑"), als Verstärker. Bei Verstärkern wird zwischen positiven und negativen Verstärkern unterschieden. Erstere sind Umweltreize, deren Auftreten direkt verstärkend wird („C+"), letztere sind Reize, deren Entfernung verstärkend wird („₵–"), z.B. ein wegfallender Stressreiz. Davon abzugrenzen ist die Bestrafung, die die Verhaltenswahrscheinlichkeit senkt („R↓") und die wiederum in positive und negative Bestrafung unterteilt werden kann. Positive Bestrafungen sind Reize, deren Auftreten direkt bestrafend wirkt („C–"), also die Verhaltenswahrscheinlichkeit senkt. Negative Bestrafung liegt vor, wenn nach dem Verhalten positive Reize entzogen werden bzw. wegfallen („₵+"). Folgende Darstellung veranschaulicht noch einmal die zuvor definierten Begriffe.

	Positiver Reiz	Negativer Reiz
Reiz beginnt	C+ Positive Verstärkung R↑	C– Positive Bestrafung R↓
Reiz endet	₵+ Negative Bestrafung R↓	₵– Negative Verstärkung R↑

Operante Konditionierung [3, 4]

28. Bei welcher der folgenden Antwortalternativen stimmt die Situation mit der Zuweisung positive bzw. negative „Verstärkung" oder „Bestrafung" überein?

(A) Die Mutter gibt ihrem quengelnden Kind zur Beruhigung Süßigkeiten – positive Verstärkung.

(B) Thomas zeigt regelmäßig Anteilnahme und Sympathie für Carmens Depression – negative Verstärkung.

(C) Theresa hat Streit mit ihrem Partner und will deshalb erst wieder mit ihm reden, wenn er sich bei ihr entschuldigt hat – positive Bestrafung.

(D) Der kleine Leo fasst auf die heiße Herdplatte und zieht sofort schreiend die Hand zurück – negative Bestrafung.

3 Bodenmann, G., Perrez, M., & Schär, M. (2016). Klassische Lerntheorien. Hogrefe.
4 Wittchen, H. U., & Hoyer, J. (2011). Klinische Psychologie & Psychotherapie (Vol. 1131). Heidelberg: Springer.

Umblättern und weiterarbeiten!

Textabschnitt zu den Aufgaben 29-34 [5, 6, 7, 8, 9]

Unter Coaching wird eine professionelle Form der personenbezogenen Einzelberatung im beruflichen aber auch privaten Kontext verstanden. Sie findet im Rahmen von strukturierten Gesprächen zwischen Coach und Coachee (KlientIn) statt. In Unternehmen ist Coaching Teil eines personen- und entwicklungsorientierten Führungsstils mit dem Ziel, MitarbeiterInnen bei ihrer persönlichen Weiterentwicklung und Leistungsoptimierung zu unterstützen. Ziele können dabei die Einschätzung der Entwicklung persönlicher Kompetenzen und Anregung zur Selbstreflexion sein sowie die Überwindung von Konflikten mit MitarbeiterInnen oder Vorgesetzten. Ein Coach fungiert dabei als neutraler, kritischer Gesprächspartner und verwendet je nach Ziel unterschiedliche Methoden.

Da es sich beim Coaching um ein unterstützendes und interaktives Angebot handelt, liegen flache Hierarchien vor. Ein Coach ist also kein/e ÄrztIn oder Vorgesetzter, der/die vorgibt, wie ein Problem gelöst werden soll, sondern unterstützt bei der Lösungsfindung. Die Regeln für das Coaching werden vor Beginn vereinbart und vertraglich festgehalten.

Ein Coaching-Prozess weist einige Ähnlichkeiten zu einer Psychotherapie auf, weswegen es für PsychotherapeutInnen möglich ist, als Coach tätig zu sein, jedoch aufgrund der unterschiedlichen Zugangsvoraussetzungen nicht umgekehrt. Typischerweise sind die Gespräche in Coaching und Therapie strukturiert und finden in festgelegten Zeiten statt. Beide Berufe erfordern eine Beziehungsgestaltung, die von Vertrauen, Empathie und Wertschätzung geprägt ist.

Weitere Gemeinsamkeiten finden sich in den verwendeten Techniken. Im Coaching werden auch Gesprächsführungstechniken, kognitive Verfahren, Kreativübungen oder Rollenspiele angewendet, welche feste Bestandteile verschiedener psychotherapeutischer Schulen sind. Auch die Ressourcenaktivierung spielt eine wichtige Rolle. Darunter wird die Fokussierung auf und die Förderung von Stärken des/der KlientIn verstanden.

Unterschiede finden sich hingegen in der Behandlungsursache von Coaching und Therapie sowie in den Rollen der Beteiligten. Das Coaching widmet sich nicht nur vorrangig Problemen, die aus der Berufsrolle heraus entstehen. Auch sportliche Ziele oder private Herausforderungen können die Inanspruchnahme erfordern. Im beruflichen Kontext können persönliche Probleme mit einfließen, spielen im Coaching-Prozess selbst aber eine untergeordnete Rolle. Während bei einer Psychotherapie die psychische Gesundheit und das Funktionsniveau wiederhergestellt werden soll, fokussiert sich das Coaching auf die Optimierung und Leistungssteigerung von psychisch gesunden Personen und baut somit auf intakten Selbstmanagementfähigkeiten auf. Da die zu coachende Person über eine intakte Selbststeuerungsfähigkeit verfügt, wird dieser die volle Selbstverantwortung zugeschrieben. In der Psychotherapie hingegen erhalten KlientInnen diese u. U. erst im Verlauf schrittweise zurück. Des Weiteren zielt Coaching nicht auf die ursachenorientierte Analyse von Problemen, sondern auf die zielorientierte Bearbeitung von Fragestellungen der KlientInnen, um einen Soll-Zustand zu erreichen. Die Dauer eines Coachings und der Kontakt zwischen Coach und Coachee ist zeitlich auf durchschnittlich fünf Termine begrenzt, die häufig mit Abständen von mehreren Wochen angesetzt werden.

5 Fischer-Epe, M. (2017). Coaching: miteinander Ziele erreichen. Rowohlt Verlag GmbH.
6 Schuler, H., & Kanning, U. P. (Eds.). (2014). Lehrbuch der Personalpsychologie. Hogrefe Verlag.
7 https://coaching-mit-care.de/coachingablauf/
8 https://www.kvhb.de/psy-rili-kurzzeittherapie
9 https://www.sueddeutsche.de/gesundheit/gesundheit-coaching-oder-psychotherapie-das-macht-den-unterschied-dpa.urn-newsml-dpa-com-20090101-180206-99-958340

Im Gegensatz dazu werden bereits ca. fünf Termine für Kennenlernsitzungen, sogenannten probatorische Sitzungen, in der Psychotherapie angesetzt, um eine Passung zwischen TherapeutIn und PatientIn festzustellen. Die darauf aufbauende Psychotherapie selbst dauert meist ≥ 12 Sitzungen (Kurzzeittherapie) oder ≥ 60 Stunden (Langzeittherapie).

29. Welche der folgenden Aussagen lässt sich dem Coaching zuschreiben?

(A) Der Coach begleitet und hilft, weswegen es einem Arzt-Patienten-Verhältnis gleichzusetzen ist.

(B) Das Coaching ist eine professionelle Form der personenbezogenen Einzelberatung im beruflichen Kontext.

(C) Die Regeln für das Coaching werden im Verlauf der Sitzungen erarbeitet.

(D) Die Gespräche zwischen Coach und Coachee sind strukturiert und können kritische Elemente beinhalten.

30. Welche Aussage lässt sich am wenigsten aus dem Text ableiten?

(A) Coaching lässt sich zusammenfassen als „Hilfe zur Selbsthilfe".

(B) Coaching konzentriert sich auf die Möglichkeiten eines Coachee, sein Ziel zu erreichen, und ist daher ressourcenorientiert.

(C) Aufgrund der Anwendung psychotherapeutischer Techniken im Coaching, kann es auch als „Psychotherapie light" bezeichnet werden.

(D) Die Beziehung zwischen Coach und Coachee ist essentiell für den Erfolg des Coachings.

31. Wie lässt sich Coaching von Psychotherapie abgrenzen?

(A) Private Anliegen und persönliche Schwierigkeiten werden in den Coaching-Prozess nicht mit aufgenommen.

(B) Wegen beruflicher Zugangsbeschränkungen dürfen PsychotherapeutInnen nicht als Coach tätig sein.

(C) Im Coaching ist das Wachstum einer Person anhand ihrer Potentiale ein wesentliches Ziel.

(D) Coaching zielt auf die ursachenorientierte Analyse von Problemen.

Umblättern und weiterarbeiten!

32. Welche Aussage zu Gemeinsamkeiten und Unterschieden zwischen Coaching und Psychotherapie trifft zu?

(A) Beim Coaching wird mit dem Coachee gemeinsam nach einer Lösung gesucht, wohingegen bei der Psychotherapie direktiver ein Lösungsansatz vorgegeben wird.
(B) Die beim Coaching eingesetzten Methoden basieren auf Techniken der Psychotherapie.
(C) Die Besprechung von privaten Problemen sind nicht Bestandteil eines Coachings.
(D) Psychische Probleme kleineren Ausmaßes können auch von einem Coach bearbeitet werden.

33. Welche der folgenden Situationen ist kein Anliegen für ein Coaching?

(A) Frau Peters arbeitet in einer sozialpädagogischen Einrichtung. Seit 3 Monaten hat sie einen neuen Vorgesetzten, der viele Arbeitsstrukturen ändern möchte, mit denen sie nicht einverstanden ist und deshalb auch schon vermehrt Diskussionen mit ihm hatte, die ihr schwer zu schaffen machen. Seit 2 Wochen weint sie häufiger nach der Arbeit und überlegt zunehmend, die Stelle zu kündigen.
(B) Frau Winkler ist in eine neue Abteilung gewechselt und hat dort die Funktion der Teamleitung eingenommen. Sie arbeitet bereits seit 2 Monaten dort, hat jedoch Schwierigkeiten, mit ihren KollegInnen in Kontakt zu treten. Zudem bemerkt Frau Winkler, die eigentlich sehr selbstsicher ist, dass vermehrt Unsicherheiten im Aufgabenbereich ihrer neuen Tätigkeiten auftreten.
(C) Herr Özdemir hat vor 6 Monaten eine Führungsposition im Betrieb eingenommen, die sehr herausfordernd ist. Seit 2 Monaten braucht er länger für seine Arbeiten und macht viele Flüchtigkeitsfehler. Um liegengebliebene Arbeit aufzuholen, arbeitet er häufig die Mittagspause durch und sagt dafür das sonst gemeinsame Essen mit seinen KollegInnen ab. Herr Özdemir spielt regelmäßig Fußball, kam in letzter Zeit jedoch nur noch unregelmäßig zum Training. Stattdessen bleibt er nun lieber zuhause und schläft.
(D) Herr Georgiou ist seit mehreren Jahren Chefarzt einer internistischen Klinik. Seit Jahren gibt es Konflikte bei der Umverteilung der ärztlichen Funktionen sowie aktuell mit seinem ÄrztInnen-Team bezüglich der organisatorischen Anbindung eines Notarztfahrzeuges an seine Abteilung. Herr Georgiou möchte zudem eine neue Besprechungskultur einführen. Neben diesem beruflichen Stress steht er auch privat unter Druck, da es eine Ehekrise und Zweifel an der Ehe selbst gibt.

34. Im Gegensatz zur Psychotherapie, die eine wissenschaftliche Fundierung aufweist, fehlt Coaching diese Einbettung. Da Coaching keine geschützte Berufsbezeichnung ist und es keine festgelegten Preise für eine Sitzung gibt, kommen immer wieder Zweifel an der Seriosität des Coachings auf. Zudem verändern sich häufig die vereinbarten Schwerpunkte der Beratung, womit Coaching für ein Unternehmen sehr kosten- und zeitintensiv werden kann.

Was sollten Unternehmen daher nicht als Kriterium für ein seriöses Coaching heranziehen?

(A) Fachkompetenz des Coachs
(B) Fortschritts- und Ergebnisberichte des Coaching-Prozesses
(C) Arbeitsweise des Coachs
(D) Zertifizierung des Coachs

Textabschnitt zur Aufgabe 35[10, 11]

Männer versterben häufiger infolge von Unfällen oder Erkrankungen wie Herzinfarkt, Leberzirrhose oder Krebs als Frauen. Die Gründe hierfür liegen typischerweise im Zusammenspiel innerpsychischer und verhaltensbezogener Faktoren: Beispielsweise könnte ein Mann sozialisationsbedingt keine Schwäche zeigen wollen oder wenig Selbstfürsorge gelernt haben, weswegen er einen ungesünderen, riskanteren Lebensstil führt und weniger medizinische Angebote in Anspruch nimmt.

Eine Erklärung für diese geschlechtsbezogenen Unterschiede findet sich in der Reaktanz, die als Reaktion auf Handlungsempfehlungen auftritt. Das Konzept der Reaktanz fasst innere Widerstände einer Person zusammen, die aufkommen, wenn sie sich in ihrer Entscheidungs- oder Handlungsfreiheit durch Druck oder Verbote eingeschränkt fühlt. Dies führt dazu, dass auf eine Empfehlung mit „motivationalem Trotz" reagiert und entgegen der Empfehlungen gehandelt wird.

Eine Studie aus dem Jahr 2018 beschäftigte sich mit diesem Phänomen. Sie untersuchte, wie stark die „Trotzreaktion" bei jungen Männern in Abhängigkeit von einer Formulierung der Handlungsempfehlung ausfiel. In der Studie hörten Männer ein aufgezeichnetes Telefongespräch und sollten sich vorstellen, selbst der Empfänger dieses Anrufs zu sein. In diesem Anruf schlug entweder die Partnerin oder ein männlicher Freund dem Empfänger des Anrufes vor, seinen Alkoholkonsum an diesem Abend zu reduzieren. In einer Untersuchungsbedingung war der Vorschlag sehr restriktiv, d. h. einschränkend und verbotsartig formuliert. In der anderen Untersuchungsbedingung war der Vorschlag nicht restriktiv formuliert, d. h. freier und eher bittend.

Die nachfolgende Grafik zeigt die Bereitschaft der Männer, den Alkoholkonsum nach der Handlungsempfehlung auszurichten, gemessen als selbsteingeschätzte Wahrscheinlichkeit in Prozent.

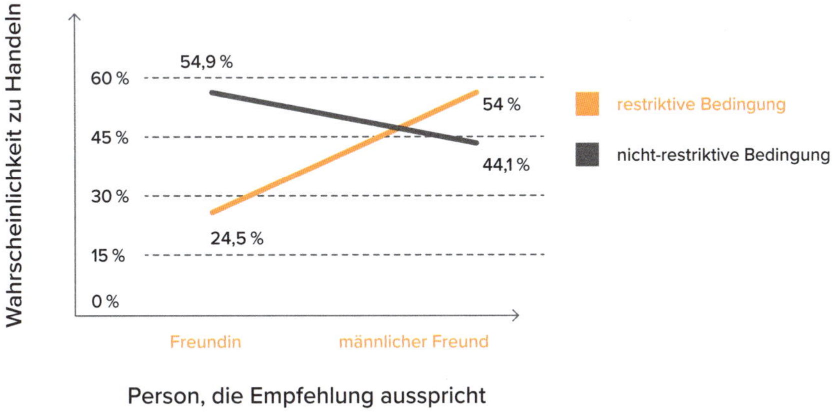

10 Brehm, J. W. (1966). A theory of psychological reactance New York Academic Press.
11 Sieverding, M., Specht, N. K., & Agines, S. G. (2019). "Don't drink too much!" Reactance among young men following health-related social control. American journal of men's health, 13(1), 1557988319825921.

Umblättern und weiterarbeiten!

35. Welche der folgenden Aussagen lässt sich am ehesten aus der Grafik ableiten?

(A) Wird die Handlungsempfehlung sehr einschränkend ausgesprochen, steigt die Reaktanz. Die generelle Bereitschaft, weniger Alkohol zu trinken, sinkt.

(B) Männer hören tendenziell eher auf Ratschläge aus ihrem Umfeld, wenn diese weniger restriktiv formuliert werden.

(C) Es bauen sich mehr Widerstände auf, wenn die Empfehlung, weniger Alkohol zu trinken, von der Partnerin kommt, wodurch die Handlungswahrscheinlichkeit sinkt.

(D) Die Wahrscheinlichkeit zu Handeln ist bei der Empfehlung eines männlichen Freundes doppelt so hoch verglichen mit der Freundin.

Textabschnitt zu den Aufgaben 36-41[12]

Die Akzeptanz und Commitmenttherapie (ACT) ist eine moderne Therapieform, die bei unterschiedlichen Störungsbildern angewendet werden kann. Sie beruht auf der Annahme, dass Schwierigkeiten in jedem Leben unvermeidlich auftauchen, aber psychische Symptome erst aus dem Widerstand gegen diese Schwierigkeiten entstehen. Dadurch wird das eigene Verhalten unflexibler. So ist beispielsweise die Trauer nach dem Tod eines Familienmitgliedes unvermeidbar; jedoch führt erst der Widerstand gegen die schmerzliche Trauerverarbeitung zur Entwicklung einer psychischen Störung. Die Kernziele der ACT liegen daher darin, die Schwierigkeiten im eigenen Leben zu akzeptieren und das eigene Handeln nicht nach deren Vermeidung auszurichten. Dies geschieht etwa durch die Reflexion persönlicher Werte, das Setzen realistischer Ziele sowie Achtsamkeit auch negativ konnotierten Gefühlen gegenüber.

Die ACT ist eine Weiterentwicklung der klassischen Verhaltenstherapie und orientiert sich daher an deren Leitmotiven: grundlagenwissenschaftliche Fundierung, Verpflichtung zum empirischen Arbeiten und das Ersetzen von Vermeidungsstrategien durch Annäherungsstrategien. Als Erklärung für mangelnde Verhaltensflexibilität werden, unter Berücksichtigung psychologischer Grundlagenforschung zur Funktionsweise der menschlichen Sprache, Kognitionen angenommen. Der Begriff der Kognition umfasst informationsverarbeitende Prozesse sowie die einzelnen abgespeicherten Informationen und deren Verknüpfung an sich. Durch Verhaltensanalysen konnte empirisch bestätigt werden, dass einzelne Informationselemente (Kognitionen) in sogenannten relationalen Netzwerken mit sprachlichen Einheiten verknüpft werden und dadurch bestimmte Verhaltensweisen entstehen. Dabei können ungünstige Relationen zukünftiges Handeln negativ beeinflussen. Wird z. B. als Reaktion auf eine Angst vor großen, menschenüberfüllten Plätzen Vermeidung gelernt, wird kurzfristig Erleichterung erzielt. Bei dieser Erlebnisvermeidung wird die Vorstellung eines Platzes in einem relationalen Netzwerk mit einer Vermeidungsstrategie verknüpft. Sie ist einer der 6 zentralen Prozesse, die zu psychischer Inflexibilität und damit langfristig zur Entwicklung eines klinischen Störungsbildes führen können.

Ein weiterer zentraler pathogener Prozess ist die kognitive Fusion. Dies meint, dass PatientInnen Gedanken nicht mehr als Produkt ihres eigenen Verstandes verstehen, sondern als feststehende Tatsache. Das Ereignis und das Denken über das Ereignis sind nicht differenzierbar. Wenn beispielsweise eine Person mit Anorexie ihren Körper als „fett" wahrnimmt, unterscheidet sie nicht mehr zwischen ihrem Körper an sich und ihrer eigenen, negativen Bewertung, die ihr nun als unverrückbarer Fakt erscheint.

Psychische Inflexibilität als primäre Ursache psychischen Leidens spielt bei einer Vielzahl von Störungen eine Rolle. Daher kann ACT als transdiagnostischer Ansatz beispielsweise bei somatoformen Störungen, Essstörungen oder bei Problemen in der Partnerschaft angewendet werden. In der Behandlung wird jedem störungsrelevanten Prozess ein spezifischer Behandlungsprozess entgegengesetzt. Um der Erlebnisvermeidung entgegen zu wirken, wird Achtsamkeit angewendet. Zur Überwindung der kognitiven Fusion werden in sogenannten Defusionsübungen Fusionsprozesse aufgedeckt und reflektiert, damit PatientInnen anschließend lernen können, Tatsachen und Gedanken zu unterscheiden. Durch Kontextveränderung der Gedanken oder Verfremdung der Kognition wird die verhaltensregulierende Funktion der Kognitionen abgeschwächt.

12 Vgl. Eifert, G. H. & Forsyth, J. P. (2005). Akzeptanz- und Commitment-Therapie für Angststörungen. Tübingen: DGVT Verlag.

Umblättern und weiterarbeiten!

Die Behandlungsprozesse führen zum Erlangen einer umfassenderen psychischen Flexibilität, sodass die PatientInnen ihr Handeln nach Werten umorientieren können, welche bisher durch die Bekämpfung der Symptome des Störungsbildes überschattet wurden. Dazu bedient sich die ACT klassischer Verhaltensaktivierungsprogramme. Schrittweise werden konkrete und erreichbare Ziele identifiziert, in einer logischen Reihenfolge angeordnet und der Schwierigkeit nach sortiert. Die PatientInnen verpflichten sich, die Verhaltensschritte unabhängig von ihrem Empfinden auszuführen. Sie erlangen die Fähigkeit, in schwierigen Situationen nicht auf alte Strategien zurückzugreifen, sondern wertorientiert zu handeln.

36. Welche der folgenden Aussagen lässt sich am ehesten aus dem Text ableiten?

(A) Bei der Verdrängung von Angst ist das Anwenden einer Defusionsstrategie sinnvoll.
(B) Psychische Inflexibilität führt zu Erlebnisvermeidung.
(C) „Ich bin wertlos" ist ein Beispiel für eine kognitive Defusion.
(D) Die mangelende Fähigkeit, Gedanken und Tatsachen voneinander zu unterscheiden, liegt in einer Fehlentwicklung relationaler Netzwerke.

37. Welche der folgenden Aussagen trifft am ehesten zu?

(A) Die empirische Fundierung ist ein wesentliches Gütekriterium klassischer Verhaltenstherapie.
(B) Verhaltensanalysen von Sprachwissenschaftlern widerlegen, dass Kognitionen Formen von relationalen Netzwerken sind.
(C) Durch Kognitionen wird erklärt, dass psychische Inflexibilität der wesentliche Grund für psychisches Leiden ist.
(D) Wenn unangenehmes Erleben kurzfristig zu psychischer Inflexibilität führt, kann ein klinisches Störungsbild resultieren.

38. Welche der Aussagen lässt sich nicht aus dem Text ableiten?

(A) Der Aufbau von Annäherungsstrategien kann sowohl bei einer affektiven Störung als auch bei Eheproblemen sinnvoll sein.
(B) Um kontinuierlich das angestrebte Verhalten zu aktivieren, ist es notwendig, dieses in Ziele zu strukturieren.
(C) Wenn bei der Verhaltensaktivierung unangenehme Emotionen gefühlt werden, sollte das Verhalten angepasst werden.
(D) Wertgeleitetes Handeln ist ein wichtiger Bestandteil des Behandlungsprozesses.

39. Welche der Aussagen lässt sich am ehesten aus dem Text ableiten?

(A) Unangenehmes Erleben ist störungsformübergreifend die zentrale Ursache psychischen Leidens.
(B) Kognitive Fusion erhält psychische Inflexibilität aufrecht.
(C) Bei der Erlebnisvermeidung sind Denken über das Ereignis und unangenehmes Erleben fusioniert.
(D) ACT will die Fähigkeit vermitteln, in schwierigen Situationen auf bewährte Strategien zurückzugreifen.

40. Welche der folgenden Aussagen zur Anwendung von ACT trifft nicht zu?

(A) „Ich habe gerade wichtigeres zu tun, als mich mit meiner Schwäche zu beschäftigen“ ist ein Beispiel für Erlebnisvermeidung.

(B) „Ich bin nicht schlau genug für mein Studium.“ ist ein Beispiel für kognitive Fusion.

(C) „Der von mir produzierte Gedanke, dass ich zu schwach für diese Aufgabe sei, hindert mich an ihrer Ausführung.“ ist ein Beispiel für kognitive Defusion.

(D) „Meine Schwäche ist ein Teil von mir, den ich akzeptieren muss.“ ist ein Beispiel für eine Defusionsübung.

41. Welche der Aussagen lässt sich am ehesten aus dem Text ableiten?

(A) Die Orientierung nach persönlichen Werten ist ein Merkmal der klassischen Verhaltenstherapie.

(B) Kognitive Fusion bedingt, dass unangenehmes Erleben Verhalten steuern kann.

(C) Kurzfristige Handlungsunfähigkeit führt zu psychischer Inflexibilität und psychischem Leiden.

(D) Jedem störungsrelevanten Prozess sind genau zwei wichtigste Behandlungsprozesse zugeordnet.

Nicht umblättern! Weitere Bearbeitung erst nach Zeichen der Testleiterin oder des Testleiters.

STOP!

4. VERBALES SCHLUSSFOLGERN

In diesem Untertest müssen Sie anhand von miteinander in Beziehung stehender getroffener Aussagen logische Schlussfolgerungen ziehen und aus vier möglichen Antwortmöglichkeiten die Richtige wählen. Diese Aussagen können durch die unterschiedliche Operatoren „und“, „oder“ und „genau dann, wenn“ miteinander verbunden sein. Zur Bearbeitung der folgenden **20 Aufgaben** stehen Ihnen **18 Minuten** zur Verfügung.

Markieren Sie für jede Aufgabe die logisch ableitbare Aussage auf dem Antwortbogen. Es handelt sich um Single-Choice, es ist also immer nur eine Antwort korrekt. Die Aufgaben werden nach ansteigendem Schwierigkeitsgrad präsentiert.

42. Maren fühlt sich genau dann unsicher, wenn andere Menschen sie ansprechen oder wenn sie andere Menschen ansprechen muss.
Andere Menschen sprechen Maren genau dann an, wenn sie Hilfe zu benötigen scheint.
Maren fühlt sich nicht unsicher.

(A) Maren scheint Hilfe zu benötigen und sie muss keine anderen Menschen ansprechen.
(B) Maren muss andere Menschen ansprechen und sie scheint Hilfe zu benötigen.
(C) Maren muss andere Menschen ansprechen und sie scheint keine Hilfe zu benötigen.
(D) Maren scheint keine Hilfe zu benötigen und sie muss keine anderen Menschen ansprechen.

43. Alfred wird genau dann geimpft, wenn Alois nicht geimpft wird oder Amadeus nicht geimpft wird.
Albert wird nicht geimpft.
Amadeus wird genau dann geimpft, wenn Albert geimpft wird.
Albert wird geimpft oder Annika wird geimpft.

(A) Annika wird geimpft und Alfred wird geimpft.
(B) Alfred und Alois werden geimpft.
(C) Annika wird geimpft und Alois wird nicht geimpft.
(D) Albert wird geimpft und Alfred wird nicht geimpft.

44. Der Student hat genau dann Angst vor der Prüfung, wenn Bus D im Stau steckte und zu spät kam.
Bus A hatte einen Unfall.
Bus D steckte im Stau und kam zu spät oder Bus C hatte einen platten Reifen.
Bus C hatte keinen platten Reifen oder Bus A hatte keinen Unfall.

(A) Bus C hatte keinen platten Reifen und Bus D steckte nicht im Stau.
(B) Der Bus D steckte im Stau und der Student hat keine Angst vor der Prüfung.
(C) Der Student hat Angst vor der Prüfung und der Bus C hatte einen platten Reifen.
(D) Der Bus C hatte keinen platten Reifen und der Student hat Angst vor der Prüfung.

45. Die Magnetresonanztomografie 2 (kurz: MRT) ist genau dann geöffnet, wenn MRT 1 nicht besetzt ist oder MRT 3 noch in Wartung ist.
MRT 3 ist noch in Wartung oder MRT 1 ist nicht besetzt.
MRT 4 wurde gesperrt.
MRT 1 ist besetzt oder MRT 4 ist nicht gesperrt.

(A) MRT 2 ist nicht geöffnet und MRT 3 ist noch in Wartung.
(B) MRT 2 ist nicht geöffnet und MRT 1 ist nicht besetzt.
(C) MRT 2 ist geöffnet und MRT 3 ist nicht mehr in Wartung.
(D) MRT 2 ist geöffnet und MRT 3 ist noch in Wartung.

46. Pascal und Leonie sind mit Hepatitis A infiziert oder Volker darf weiter Plasma spenden.
Pascal und Leonie sind genau dann mit Hepatitis A infiziert, wenn Volker nicht infiziert ist oder Julius mit Hepatitis E infiziert ist.
Es werden genau dann nur wenige Patienten auf Hepatitis E getestet, wenn Pascal und Leonie mit Hepatitis A infiziert sind.
Pascal und Leonie sind nicht mit Hepatitis A infiziert.

(A) Volker ist infiziert und es werden nur wenige Patienten auf Hepatitis E getestet.
(B) Volker darf weiter Plasma spenden und die Aussage, dass nur wenige Patienten auf Hepatitis E getestet werden, ist falsch.
(C) Julius ist mit Hepatitis E infiziert und Volker ist nicht infiziert.
(D) Julius ist nicht mit Hepatitis E infiziert und Volker darf nicht weiter Plasma spenden.

Umblättern und weiterarbeiten!

47. James kocht sich Nudeln oder Andreas macht Bratkartoffeln.
Felicitas schneidet genau dann Gurke in ihren Salat, wenn Andreas Bratkartoffeln macht.
Andreas macht genau dann Bratkartoffeln, wenn Katharinas Auflauf im Ofen verbrennt oder Matthias seine Suppe nicht schmeckt.
Andreas macht keine Bratkartoffeln.

(A) Katharinas Auflauf verbrennt im Ofen und James kocht sich Nudeln.
(B) Matthias schmeckt seine Suppe und Felicitas schneidet keine Gurke in ihren Salat.
(C) Felicitas schneidet Gurke in ihren Salat und Katharinas Auflauf verbrennt nicht im Ofen.
(D) James kocht sich keine Nudeln und Matthias schmeckt seine Suppe.

48. Mara ist genau dann nicht enttäuscht, wenn Karla wütend oder Marlene traurig ist.
Eleonore ist genau dann verliebt, wenn Noah nicht zu Besuch ist.
Susanne ist genau dann glücklich, wenn Mara nicht enttäuscht ist.
Marlene ist traurig und Noah ist nicht zu Besuch.

(A) Susanne ist glücklich und Eleonore ist verliebt.
(B) Karla ist wütend und Mara ist enttäuscht.
(C) Eleonore ist verliebt und Mara ist enttäuscht.
(D) Susanne ist glücklich und Karla ist wütend.

49. Genau dann, wenn die Patientin nicht Störung Y hat, hat die Patientin die Symptome A und B.
Die Patientin hat Symptom C.
Die Patientin hat nicht Symptom B oder Symptom D.
Genau dann, wenn die Patientin Symptom C hat, hat sie Störung Y.
Die Patientin hat Symptom A.

(A) Die Patientin hat Störung Y und Symptom B.
(B) Die Patientin hat Störung Y, aber nicht Symptom B.
(C) Die Patientin hat Symptom D, aber nicht Symptom B.
(D) Die Patientin hat nicht Symptom D, aber Störung Y.

50. Luise hat sich übergeben und seit dem Frühstück nichts gegessen.
Luise hat seit dem Frühstück etwas gegessen oder sie leidet an einer Essstörung.
Genau dann, wenn Luise an einer Essstörung leidet, hat Luise eine Fructoseintoleranz oder sie hat gestern keinen Obstsalat gegessen.
Genau dann, wenn Luise sich übergeben hat, hat sie gestern einen Obstsalat gegessen.

(A) Luise leidet an einer Essstörung und hat eine Fructoseintoleranz.
(B) Luise hat gestern einen Obstsalat gegessen und sie hat keine Fructoseintoleranz.
(C) Luise hat gestern einen Obstsalat gegessen und sie leidet nicht an einer Essstörung.
(D) Luise leidet an einer Essstörung und hat keine Fructoseintoleranz.

51. Maria bemerkt im Einkaufsgeschäft, dass sie ihren Einkaufszettel zu Hause vergessen hat.
Sie will eine Schwarzwälder Kirschtorte backen oder sie hat ihren Einkaufszettel nicht zu Hause vergessen.
Sie kann sich nicht an das Rezept erinnern oder sie vergisst, Kuvertüre zu kaufen.
Genau dann, wenn sie nicht vergisst Kuvertüre zu kaufen, will sie einen Schokokuchen backen.
Genau dann, wenn Maria ihren Einkaufszettel ins Einkaufsgeschäft mitgenommen hat, kann sie sich nicht an das Rezept erinnern.

(A) Maria will keine Schwarzwälder Kirschtorte, sondern einen Schokokuchen backen.
(B) Maria will eine Schwarzwälder Kirschtorte und keinen Schokokuchen backen.
(C) Maria will einen Schwarzwälder Kirschtorte und einen Schokokuchen backen.
(D) Maria will weder eine Schwarzwälder Kirschtorte noch einen Schokokuchen backen.

52. Sigmund trifft die Vene genau dann beim ersten Versuch, wenn Heinrich beim ersten Versuch trifft oder Angela Angst vor Blut hat und umkippt.
Angela hat Angst vor Blut und kippt um oder Heinrich trifft die Vene beim ersten Versuch.
Karl trifft die Vene nicht beim ersten Versuch.
Heinrich trifft die Vene nicht beim ersten Versuch oder Karl trifft die Vene beim ersten Versuch.
Genau dann, wenn Karl die Vene beim ersten Versuch trifft, ist er stolz auf seine Leistung.

(A) Sigmund und Heinrich treffen die Vene beim ersten Versuch.
(B) Heinrich trifft die Vene beim ersten Versuch und Angela kippt um.
(C) Sigmund trifft die Vene beim ersten Versuch und Angela kippt um.
(D) Karl ist nicht stolz auf seine Leistung und Sigmund trifft nicht beim ersten Versuch.

53. Genau dann, wenn Lola eine Therapie beginnt, hat sie eine Angststörung oder ein traumatisches Erlebnis zu verarbeiten.
Lola hatte eine schwere Kindheit oder sie hat Beziehungsprobleme.
Lola hatte genau dann eine schwere Kindheit, wenn sie keine Therapie beginnt.
Lola hat eine Angststörung.
Genau dann, wenn Lola ein traumatisches Erlebnis zu verarbeiten hat, hat sie schon einmal eine Therapie gemacht.

(A) Lola hatte eine schwere Kindheit und sie hat ein traumatisches Erlebnis zu verarbeiten.
(B) Lola hat Beziehungsprobleme und sie hatte keine schwere Kindheit.
(C) Lola hat ein traumatisches Erlebnis zu verarbeiten und keine schwere Kindheit.
(D) Lola hat Beziehungsprobleme und sie hat schon einmal eine Therapie gemacht.

Umblättern und weiterarbeiten!

54. Leona fühlt sich von ihren Eltern zurückgesetzt oder sie kam nicht weinend nach Hause.
Leonas Mutter hat sich nicht mit ihrem Partner gestritten oder Leonas Bruder sieht nicht den ganzen Tag fern.
Leonas Mutter hat sich mit ihrem Partner gestritten.
Genau dann, wenn Leona weinend nach Hause kam, hat sich Leonas Mutter nicht mit ihrem Partner gestritten oder Leona geht nicht gerne in die Schule.
Leonas Mutter hat sich genau dann mit ihrem Partner gestritten, wenn Leona weinend nach Hause kam.

(A) Leonas Bruder sieht den ganzen Tag fern und Leona kam weinend nach Hause.
(B) Leonas Bruder sieht nicht den ganzen Tag fern und Leona fühlt sich nicht von ihren Eltern zurückgesetzt.
(C) Leona geht nicht gern in die Schule und kam weinend nach Hause.
(D) Leona fühlt sich von ihren Eltern zurückgesetzt und geht gern in die Schule.

55. Kalle spielt Federball oder Marc hasst Fußball.
Luisa hat sich genau dann beim Handball verletzt, wenn Marc Handball hasst.
Luisa hat sich beim Handball verletzt oder Peter ist ein Sportmuffel.
Kalle spielt genau dann Federball, wenn Luisa gerne schwimmen geht.
Peter ist genau dann ein Sportmuffel, wenn Marc Fußball hasst.
Marc hasst Fußball nicht.

(A) Luisa hat sich nicht beim Handball verletzt und Peter ist ein Sportmuffel.
(B) Marc hasst Handball nicht und Kalle spielt Federball.
(C) Marc hasst Handball nicht und Luisa hat sich beim Handball verletzt.
(D) Marc hasst Handball und Luisa geht gerne schwimmen.

56. Probe A war über Nacht in der Kühltruhe oder Probe D war am Tag zuvor vom Laborleiter aus der Kühltrühe entnommen worden.
Probe C wurde bereits eine Woche zuvor aufgebraucht oder Probe B wurde aus Versehen in den Müll geworfen.
Probe D war nicht am Tag zuvor vom Laborleiter aus der Kühltruhe entnommen worden und Probe B wurde aus Versehen in den Müll geworfen.
Der Laborleiter hat genau dann einige Proben als Reserve im Keller aufbewahrt, wenn Probe E im Kühlschrank vergessen wurde und nicht mehr zu gebrauchen ist.
Probe B wurde genau dann aus Versehen in den Müll geworfen, wenn Probe E im Kühlschrank vergessen wurde.

(A) Probe A war über Nacht in der Kühltruhe und Probe E ist nicht mehr zu gebrauchen.
(B) Probe A war über Nacht nicht in der Kühltruhe und der Laborleiter hat einige Proben als Reserve im Keller aufbewahrt.
(C) Probe A war über Nacht in der Kühltruhe und der Laborleiter hat einige Proben als Reserve im Keller aufbewahrt.
(D) Probe A war über Nacht in der Kühltruhe und Probe E wurde im Kühlschrank vergessen.

57. Ludwig findet einen Parkplatz oder Christina findet einen Parkplatz.
Josef findet genau dann einen Parkplatz, wenn Simon im Stau steckt und Christina keinen Parkplatz findet.
Emilia gibt auf und fährt weiter oder Josef findet einen Parkplatz.
Meike fährt mit dem Fahrrad oder Lukas kommt überhaupt nicht.
Emilia gibt nicht auf und Meike fährt nicht mit dem Fahrrad.

(A) Lukas kommt nicht und Josef findet einen Parkplatz.
(B) Lukas kommt und Simon steckt im Stau.
(C) Ludwig findet keinen Parkplatz und Simon steckt im Stau.
(D) Ludwig findet einen Parkplatz und Josef findet keinen Parkplatz.

58. Michaels Schwester hat ADHS oder sie kann sich in der Schule nicht konzentrieren.
Mona träumt oft vor sich hin oder Michael nimmt Ritalin.
Michael nimmt genau dann Ritalin, wenn er ADHS hat und seine Schwester nicht.
Mona träumt nicht oft vor sich hin und Michaels Lehrerin ist nicht überfordert.
Michaels Lehrerin ist überfordert oder Lasse sitzt in der Schule nicht neben Michael.

(A) Lasse sitzt in der Schule neben Michael und Michael nimmt Ritalin.
(B) Michaels Schwester kann sich in der Schule nicht konzentrieren und Michael hat nicht ADHS.
(C) Lasse sitzt in der Schule nicht neben Michael und Michael hat ADHS.
(D) Michaels Schwester kann sich in der Schule konzentrieren und Michael nimmt kein Ritalin.

59. Nina war genau dann tagsüber nicht viel draußen, wenn sie nicht mit Lisa zusammen gelernt hat.
Lisa hat Angst zu versagen und Nina kann abends nicht einschlafen.
Lisas Prüfer hat Bluthochdruck oder er ist offenherzig.
Lisa hat genau dann Angst zu versagen, wenn Nina vor ihr ihre Prüfung hatte.
Nina kann genau dann abends nicht einschlafen, wenn sie tagsüber nicht viel draußen war und Lisas Prüfer offenherzig ist.

(A) Nina hat nicht mit Lisa zusammen gelernt und Nina hatte vor Lisa Prüfung.
(B) Nina hat nicht mit Lisa zusammen gelernt und Lisas Prüfer hat Bluthochdruck.
(C) Nina hatte vor Lisa Prüfung und Lisas Prüfer hat Bluthochdruck.
(D) Lisas Prüfer hat Bluthochdruck und er ist offenherzig.

Umblättern und weiterarbeiten!

60. Leonard spielt am besten und Philipp ist Auswechselspieler.
Genau dann, wenn Philipp Auswechselspieler ist, muss Felix an einem Schulturnier teilnehmen und kann nicht kommen.
Genau dann, wenn Leonard sich den Knöchel bricht, trifft der Ball Philipp auf den Kopf oder Philipp ist Auswechselspieler.
Leonard bricht sich den Knöchel oder Felix spielt nicht mit Leonard und Philipp in einem Verein.
Genau dann, wenn Leonard am besten spielt und sich nicht den Knöchel bricht, sieht ihm seine Oma beim Fußballspiel zu.

(A) Felix kann nicht kommen und der Ball trifft Philipp auf den Kopf.
(B) Leonard bricht sich den Knöchel und Felix muss nicht an einem Schulturnier teilnehmen.
(C) Felix kann nicht kommen und Leonards Oma sieht Leonard nicht beim Fußballspiel zu.
(D) Felix spielt mit Leonard und Philipp in einem Verein und Leonards Oma sieht Leonard nicht beim Fußballspiel zu.

61. Genau dann, wenn die Psychologin eine Weile Schutzhandschuhe anzieht, reagiert sie auf diese allergisch.
Die Psychologin gibt genau dann einen Patienten an ihre Kollegin ab, wenn sie sich nicht eine Woche Urlaub nimmt.
Die Psychologin reagiert auf die Schutzhandschuhe genau dann allergisch, wenn sie auch auf das Desinfektionsmittel allergisch reagiert.
Die Psychologin hat noch nicht verschiedene Desinfektionsmittel ausprobiert oder sie zieht eine Weile Schutzhandschuhe an.
Die Psychologin nimmt sich genau dann eine Woche Urlaub, wenn sie auf die Handschuhe und das Desinfektionsmittel allergisch reagiert.
Die Psychologin reagiert auf das Desinfektionsmittel allergisch.

(A) Die Psychologin reagiert auf die Schutzhandschuhe allergisch und gibt einen Patienten an ihre Kollegin ab.
(B) Die Psychologin zieht eine Weile Schutzhandschuhe an und nimmt sich nicht eine Woche Urlaub.
(C) Die Psychologin gibt keinen Patienten ab und nimmt sich eine Woche Urlaub.
(D) Die Psychologin nimmt sich eine Woche Urlaub und gibt einen Patienten an ihren Kollegen ab.

Nicht umblättern! Weitere Bearbeitung erst nach Zeichen der Testleiterin oder des Testleiters.

STOP!

5. ENGLISCHVERSTÄNDNIS

Mit Hilfe dieses Untertests wird Ihre Fähigkeit geprüft, umfangreiches und komplexes Textmaterial aufzunehmen und zu verarbeiten. Die Texte sind inhaltlich und grammatikalisch anspruchsvoll. Zur Erarbeitung der Fragen dürfen Sie Notizen und Unterstreichungen tätigen.

Es werden Ihnen verschiedene Textabschnitte vorgelegt. Auf jeden Textabschnitt folgen Fragen, die Sie ausschließlich auf die im Text beschriebenen Informationen beziehen sollen. Zur Bearbeitung der **21 Fragen** stehen Ihnen **45 Minuten** zur Verfügung.

Wählen Sie bei jeder Frage die zutreffende Antwort aus und markieren Sie den entsprechenden Lösungsbuchstaben auf dem Antwortbogen. Es handelt sich um Single-Choice, es ist also immer nur eine Antwort korrekt.

Textabschnitt zu den Aufgaben 62-67[1, 2, 3]

In social psychological research, attitudes and their changes are of great interest. An attitude is a mental tendency which leads to the evaluation of a particular object with some degree of affection or rejection. One field of major interest is the influence of persuasion; for instance, which factors contribute to a speaker's success in trying to change another person's mind? In 1980, Petty and Cacioppo integrated their research findings into a model named elaboration likelihood model (ELM) to investigate these influences on attitude change.

The main goal of the model is to explain how attitude-relevant information is processed and eventually leads to attitude change. The ELM assumes two major routes of information processing (elaboration): a central and a peripheral route. On the central route, recipients thoughtfully consider the given arguments and quality of a message. On this basis, they actively weight and compare these arguments with existing knowledge to then either reject or integrate them into their knowledge, which then influences the attitude towards a situation. This high level of elaboration generally leads to stable attitude change. In contrast, when following the peripheral route of elaboration, recipients focus more on affects, moods, or simple clues, rather than complex facts. These include features of the sender such as its attractiveness, presumed competence, or familiarity. Stated differently, "good feelings" or "good impressions" lead recipients following the peripheral route to assume the message is true. The degree of thoughtful elaboration is low, which means this route takes less effort but tends to lead to a more unstable attitude change. However, elaboration does not occur only at one of the two endpoints. There are also graduations between the central and peripheral routes. Information presented by a presumed expert, for example, is compared with one's own knowledge. This comparison is not very detailed, therefore the reliance on the expert is greater than one's own rational considerations.

1 Stroebe, W., Hewstone, M., & Jonas, K. (2014). Einführung in die Sozialpsychologie. In Sozialpsychologie (pp. 1-28). Springer, Berlin, Heidelberg.

2 Metzler, A. E., Weiskotten, D., & Morgen, K. J. (2000). Adolescent HIV Prevention: An Application of the Elaboration Likelihood Model.

3 Petty, R. E., & Cacioppo, J. T. (1986). The elaboration likelihood model of persuasion. In Communication and persuasion (pp. 1-24). Springer, New York, NY.

The formation of attitudes towards persons or objects in everyday life can be explained with the help of the ELM. One such situation is the purchase of a new cell phone. If Martin's friends all use the newest iPhone, they might persuade him to also buy one. Elaboration on the central route means that Martin makes the effort to evaluate his friends' suggestions even though they all use an iPhone already, considering the high costs, functionality, sustainability, etc. of the phone. Once Martin forms a positive opinion about the potential purchase, he will buy the iPhone. However, if he uses the peripheral route to process the message, he will be likely to make the purchase simply because he sympathizes with his friends and trusts their recommendation.

The ELM states several factors that influence whether a person processes information along the central or peripheral route, most importantly motivation, ability, and time.

In this context, motivation means the desire to process the message which is influenced by one's attitude and personal relevance of the information. Ability refers to the capability for critical evaluation, which is affected by one's knowledge, surrounding distractors, and how strong one person is cognitively involved into different tasks. If this knowledge is applied to the previous example, one can say that the person elaborates on the peripheral route if a new phone is urgently needed, only used iPhones before and perhaps finds the model advertising the phone attractive.

62. Which statement about the ELM is most likely to be correct?

(A) The ELM focuses mainly on attitude change.
(B) A higher level of elaboration requires higher involvement of cognition.
(C) Information can either be elaborated from a low degree of thought or a high degree of thought.
(D) Factors like motivation have an influence on attitude change but they cannot determine the extent of elaboration.

63. Attitude change occurs after information processing on the central or peripheral route. Which statement is correct?

(A) Information processing on the central route is more shallow.
(B) High elaboration of information and successful persuasion lead to a more unstable attitude.
(C) Given information about a specific topic, strong arguments help to elaborate on the peripheral route, leading to a stable attitude change.
(D) To be motivated is essential for an elaboration along the central route.

Umblättern und weiterarbeiten!

64. Which of the following is not an influencing factor according to the model?

(A) Physical appearance
(B) Expertise
(C) Positive and negative thoughts
(D) Knowledge

65. Which of the following examples is most likely to result in a stable attitude change?

(A) Tina loves shopping and therefore prefers buying clothes at low-cost. She has been reconsidering her consumption behavior recently and watches a documentary about the dire working conditions in the fabric industry and its effects on the environment.
(B) Politically uninterested entrepreneurs are guests at the Green party conference. With facts and figures on anthropogenic climate change, the politicians try to convince their guests to adopt a more sustainable approach to business.
(C) On her way home from work, Ms. Schmidt is in a good mood and listening to the radio. When a commercial comes on with particularly cheerful music and a funny jingle, she turns it up even louder. Maybe she'll actually buy the advertised robot vacuum cleaner, she thinks as she pulls off the highway.
(D) Lucas wants to go to the gym to get in shape and to gain some muscle. Since he is a complete beginner he looks for help on the internet and finds a trust-worthy looking, extreme sportive guy on YouTube with a big following who sells workout guys tailored to beginners. Lucas wants to achieve the same physical shape as the person.

66. The ELM can be applied in many fields, for example in marketing. It contributes to explain how advertisement works.

Which of the following statements is false regarding the impact of advertising on attitude change?

(A) Advertisement is more effective when targeting attitude change along the peripheral route.
(B) The message of an advertisement is elaborated differently depending on the personal involvement of the client.
(C) Advertising on the social media platform "Instagram" through "influencers" primarily targets peripheral processing of the message.
(D) Advertising for a customized running shoe with an additional running analysis primarily relies on peripheral information processing.

67. The ELM can also be applied in the field of health care. A study from Metzler and colleagues investigated the influence of source credibility (HIV+ patient or worried parent) and quality of the message (high or low) on HIV prevention message efficacy. They found that participants reacted more favorable and found the preventive intervention more persuasive when the message had a high quality, but source credibility proved important to the participants exposed to the low-quality message. Similarly, participants exposed to a low-quality message reacted less dismissive against the persuasion when receiving the message from a highly credible source.

What can be derived from these results?

(A) Prevention programs should focus on the quality of their message rather than an appealing presentation, in order to induce a stable attitude change.
(B) When an AIDS patient talks about HIV, the likelihood of an attitude change increases, even if the arguments are of lower quality.
(C) Addressing the peripheral route is more effective when it comes to prevention in health care.
(D) Factors like motivation or knowledge do not play a crucial role in prevention programs.

Umblättern und weiterarbeiten!

Textabschnitt zur Aufgabe 68

As human beings, we live in complex social environments. To react adequately in it, we need to process and classify a vast amount of information about other people. The use of stereotypes is a major way to simplify and categorize our social world. By reducing the amount of processing, for example when we meet a new person, they help us not to be overwhelmed.

A stereotype is a generalized belief about a group or class of people. It is based on the assumption that a person has certain characteristics and abilities that all members of the group to which he or she belongs possess. Stereotypes enable us to respond rapidly to situations, but at the same time make us ignore differences between individuals. Typically, they are learned through media or personal experiences with friends or family.

In some situations, people are aware of stereotypes about social groups they belong to. Interestingly, this creates a behavioral tendency to conform to the respective stereotype, even if a person does not believe in it. For example, Asians are considered intelligent and gifted in STEM[4] subjects. This exerts an unconscious pressure to meet the expectation of a smart Asian. Typically, this behavioural tendency comes into play when a person is aware of being part of a particular group, which is why it is more prevalent among Asian-Americans, who tend to be aware of their minority status, than in Asians in Asia.

Spencer and colleagues described this phenomenon and named it stereotype threat. They investigated it in the context of math performance in college. They assumed that when the widely held stereotype of women and girls being bad at maths is activated, women feel extra pressure in a maths test and consequently perform worse. For their study, Spencer and colleagues recruited men and women with strong math skills to solve a difficult math test. The oral introduction into the experiment was systematically varied: In one experimental condition the stereotype was made salient[5] by telling participants that in past experiments men and women showed performance differences in the math test. In the other condition the stereotype was to be irrelevant: participants were told that the test had never shown performance differences between men and women.

The following graph shows the results:[6, 7]

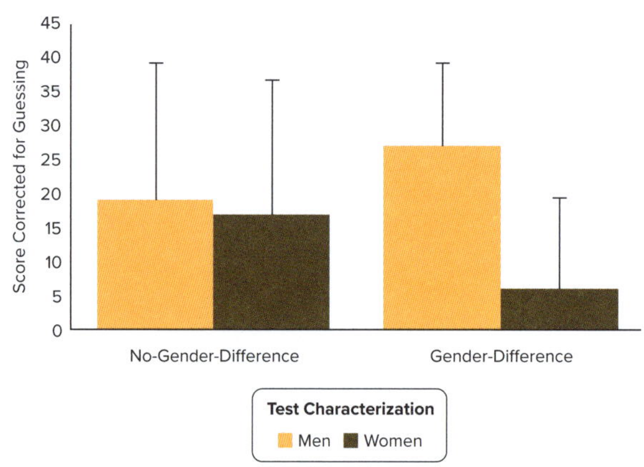

4 The term STEM stands for science, technology, engineering, and mathematics and is typically used to group together these academic disciplines in education policy or curriculum choices in schools.

5 The English term "saliency" denotes the tendency of a situational or stimulus's feature to "stand out", be noticed, and come into awareness.

6 https://www.simplypsychology.org/katz-braly.html

7 Spencer, S. J., Steele, C. M., & Quinn, D. M. (1999). Stereotype threat and women's math performance. Journal of experimental social psychology, 35(1), 4-28.

68. Which statement is most likely to be incorrect?

(A) The statement “All Arabs and Muslims are terrorists” can be considered a stereotype.

(B) The results indicate that women perform lower in math tests due to internal gender characteristics.

(C) A man taking care of a child can be a scenario leading to a stereotype threat situation.

(D) The study revealed that when gender differences are made salient, the performance of women is five times lower than of men.

Umblättern und weiterarbeiten!

Textabschnitt zu den Aufgaben 69-74 [8]

The cognitive dissonance theory postulates that people strive for consistency between their actions on the one hand and their beliefs and attitudes on the other. Situations in which persons act in contradiction with their cognitions cause a state of inner arousal, a feeling which in this context is usually experienced as uncomfortable. Such a state of cognitive dissonance occurs, for example, when a person smokes, knowing at the same time that this behavior is bad for his or her health. Hence, behavior and cognition are conflicting. The urge to match one's actions and convictions and to consequently avert cognitive dissonance is a powerful motivation, which may lead to changes in attitude or behavior, if the dissonance cannot be resolved otherwise.

To experience cognitive dissonance in the first place, four steps are necessary. A person has to perceive the action as being in conflict with his or her attitudes or beliefs. If an action and a belief are not appraised as contradictory, then no dissonance is caused. Second, the person has to believe that the action is in his or her own responsibility. In a third step, arousal is experienced because the person realizes that they chose to perform an action even though an attitude suggests otherwise. In a final step the arousal is attributed to the inconsistency.

To overcome this feeling of discomfort, people try to resolve the dissonance by one of four possible ways. First, the action can be re-evaluated as consistent to one´s belief. Second, the responsibility can be externalized. This means that the action is experienced as without any alternative, even though it is still against one´s belief. For instance, if parents work overtime even though they want to spend time with their family, they could externalize this dissonance by believing they will get fired otherwise. A third way is to tackle the physical arousal directly, for example by consuming alcohol or finally, to even change the behavior. A fourth possibility is to change the attitude in order to resolve the dissonance.

A famous experiment by psychologist Leon Festinger illustrates how cognitive dissonance can lead to a change of attitude. In this study, people had to pursue a monotone task for one hour: Reversing wooden blocks over and over again. Afterwards, all participants were asked to advertise the study to a new potential participant waiting outside; moreover, they were specifically asked to mention how interesting they found the study. For this statement (an obvious lie), half the participants got paid the amount of twenty dollars, the other half only received one dollar. Finally, both groups were asked to rate the study. The higher paid group rated the experiment as not interesting at all. They perceived the financial pay as a sufficient justification to lie about their experience. The group which got paid way less described the task as significantly more interesting. Cognitive dissonance can explain this outcome: The poorly paid group found themselves in a dissonance between having lied and the very small payment they received for it. Therefore, to achieve a justification, they re-evaluated the experiment as way less boring. In the light of this change of attitude, their statements towards the potential new participants appeared less of a severe lie to themselves.

8 Kaiser, B., Kromm, J., König, S. & Blumenthal, V. (o.D). Leon Festinger Theorie der kognitiven Dissonanz.

69. Which statement about cognitive dissonance is untrue?

(A) Cognitive Dissonance cannot emerge if actions are not perceived as one's own responsibility.
(B) Contradicting cognitions do not have to cause a change of behavior.
(C) If a person cannot externalize the reason for a certain behavior, the associated cognitive dissonance cannot be resolved.
(D) Cognitive dissonance contradicts the need for an inner balance.

70. Which of the following psychological phenomena does not describe a step within the emergence of cognitive dissonance?

(A) A state of inner imbalance is experienced.
(B) Cognitions are re-evalued as consistent.
(C) Contradicting cognitions and arousal are perceived as interrelated.
(D) The person evaluates that an action lies in his or her responsibility.

71. Which of the following statements is least likely to describe an overcoming of cognitive dissonance?

(A) An ambitious student neglects her friends, even though she cares a lot about her social life. The student convinces herself to have no other choice, because otherwise she will lose their scholarship.
(B) A smoker reads a blog about a heavy smoker who is already 91 and experiences no side effects.
(C) A person who wants to save up for a car stops gambling.
(D) An eco-conscious person develops feelings of guilt every time he buys a plastic product.

72. Which situation is least likely to entail cognitive dissonance?

(A) You want to get vaccinated against corona, but trying to get an appointment is exhausting.
(B) You do a person a favor, even though you do not like him/her.
(C) You decide between two smartphones, which have both different advantages.
(D) You write new year's resolutions to get in shape, but then quit the gym, because you want to save up to travel more.

73. Which statement about Leon Festinger's groundbreaking study is untrue?

(A) For most participants, receiving 20 dollars served as a proper justification to lie.
(B) The extent to which participants evaluated the study as interesting was influenced by the perception of a suitable reward for advertising it.
(C) The immorality of lying for 20 dollars led to cognitive dissonance, due to which participants changed their attitude towards the experiment.
(D) The study contributed to an understanding of how attitude change can be moderated.

Umblättern und weiterarbeiten!

74. Which headline sums up the study by Leon Festinger best?

(A) Unconscious mechanisms change behavior in a monotone task.

(B) Cognition and action in conflict cause a different evaluation of the same situation.

(C) Higher financial reward causes lower motivation.

(D) The perception of unequal financial compensation induces the loss of internal harmony.

Textabschnitt zu den Aufgaben 75-80[9]

The development of standardized and scientifically valid tests and examinations is a typical field of work for psychologists. These tests are often used in clinical, educational, or professional settings to assess a person's performance. For example, job consulting centres may test a customer's intellectual capacity to assign more adequate job postings.

Performance tests can be differentiated into either speed tests or power tests. Power-tests contain a variety of items (i.e. questions) which differ in difficulty. They often start with easier items, followed by more difficult ones. Regardless of the given time, the more challenging items cannot be solved by everyone. Thereby, power-tests measure the maximum intellectual level of one person and are often used in test batteries for assessing intelligence. In contrast to this, items in speed tests are not difficult per se. A single item can easily be solved by every person performing it, but the number of items is usually too large to solve each and every one. Time is the major limiting factor; therefore speed tests differentiate people by their perceptual speed or concentration capacity.

However, before a test can be used in the field, many steps are necessary. First, suitable items must be generated and tested for various criteria in an initial procedure. In this context the Item Difficulty Index P is one of the most useful and also most frequently reported statistics. It indicates the percentage of participants who were able to solve a certain item. A medium difficulty exists if P = 50 %.

Test items always aim to determine the tested person's performance level, so they should neither be too easy nor too difficult. A good test is characterized by a larger number of items with moderate difficulty and a few easy and difficult ones. Easy items are generally used to differentiate in lower performance levels or to become familiar with the task. Difficult items differentiate in higher performance levels and thus separate people with high skills from those with low or medium skills. The quality of the generated items is then tested in a first, preliminary analysis. In this test run a small sample answers on the items of the pre-test. Afterwards, items with low informational content are removed from the test. Before a test can finally be applied, it needs to be tested on a representative group of people to evaluate, whether the test actually measures what it is supposed to measure. This step is called "standardization" and uses the Item Difficulty Index and other statistical parameters to evaluate its quality. Again, P indicates how many percent of the participants of a sample answered an item in terms of a higher performance level. Mathematically, P can be formulated as follows:

$$P = \frac{N_R}{N} \cdot 100$$

P = Item Difficulty Index
N_R = Number of participants, who answered correctly
N = Number of participants

9 Rauch, W. A. & Moosbrugger, H. (2011). Klassische Testtheorie. Grundlagen und Erweiterungen für heterogene Tests und Mehrfacettenmodelle. In L. F. Hornke, M. Amelang & M. Kersting (Hrsg.), Methoden der psychologischen Diagnostik. Göttingen: Hogrefe.

Umblättern und weiterarbeiten!

The following example for an item of an intelligence test shows how P can be interpreted:
$N = 72$
$N_R = 48$ who answered the item correctly

$$P = \frac{48}{72} \cdot 100$$
$$P = 66.7\%$$

66.7% of the participants were able to solve the item.

A good test should constitute of Items with a difficulty of $5\% < P < 95\%$. When calculating P, it is important to interpret it correctly.

75. Which statement can be derived from the text?
(A) Speed tests and power tests need to be analyzed before they are applied.
(B) Speed tests contain a variety of items.
(C) Performance tests are not used in clinical interventions.
(D) The utilization of many items is an indicator for a good test.

76. Which of the following statements is untrue?
(A) Speedtests alone are not a good measure to capture a person's intelligence.
(B) P needs to be calculated for every item.
(C) In general, items with medium difficulty ($P \approx 50$) are to be preferred, since they are the best at distinguishing between different levels of intelligence.
(D) Both speed tests and power tests contain items that are easy to solve.

77. According to the formula and given information, which statement is correct?
(A) $P = 66.7\%$ depicts that the item was difficult to solve for more than half of the people.
(B) P considers people who solved the item correctly or incorrectly in equal proportions.
(C) $P = 100$ depicts a very difficult item – nobody was able to solve it.
(D) A P value around 50% indicates a large dispersion between the participants meaning it differentiates the most between them.

78. Which of the following is an example of a speed test?
(A) Complete a questionnaire that assesses symptoms of depression.
(B) On a page with various letters and markings, cross out all letters "d" marked with 2 lines, given 20 seconds per line.
(C) Complete the "numerical reasoning" tasks in the STAV-Psych exam.
(D) Re-create given patterns with one- or two-color cubes, graded by difficulty, in a given time.

79. Before a psychological test is used in the field, it must go through a procedure that is meant to ensure the quality of the test. What is the correct order of the procedure?

(A) Item generation – pre-testing – standardization – test statistics – application in the field.

(B) Standardization – item generation – pre-testing – test statistics – application in the field.

(C) Item generation – pre-testing – test statistics – standardization – application in the field.

(D) Test statistics – item generation – pre-testing – application in the field – standardization.

80. Sometimes, an item can be solved by guessing, instead of one's person ability. Therefore, the formula of the difficulty index P requires a correction for chance. As a result, the formula can be described as follows:

$$P = \frac{N_R - \frac{N_F}{m-1}}{N} \cdot 100$$

P = item difficulty index corrected for chance errors

N_R = number of participants who answered correctly

N_F = number of participants who did not correctly

m = number of response alternatives of the item

N = Number of all participants

Which statement is incorrect when considering the new formula?

(A) The adequate interpretation of the item difficulty index requires the exclusion of chance influences.

(B) If $N_R = N_F$ and m = 2, then the solution can be exclusively explained by chance and the item was extremely difficult.

(C) The item difficulty index corrected by chance estimates the item more difficult.

(D) Due to the correction, the new extended item difficulty index can be applied on speed tests.

Umblättern und weiterarbeiten!

Textabschnitt zu den Aufgaben 81-82 [10, 11, 12]

Psychological learning theories, such as the theory of conditioning, explain how and why people behave the way they do. In classical conditioning, a previously neutral stimulus (e.g., the sound of a bell) is presented simultaneously with an unconditioned stimulus (e.g., the smell of food) connected with a behavioral response (e.g., salivation). By combining the two stimuli multiple times, the response becomes conditioned, which means it is triggered when the neutral stimulus is presented on its own. In contrast, operant conditioning focuses on the use of reinforcement (= reward) or punishment to increase or decrease the frequency of a behavior. This establishes an association between the behavior and the consequences of that behavior. Albert Bandura´s social learning theory (SLT) is another influencial learning theory. It is consistent with conditioning theories, but adds two important ideas: First, Bandura stated that learning includes mediating mental processes that go beyond merely linking stimuli and responses. In this view, humans are active information processors and think about the relationship between their behavior and its consequences. Second, behavior is learned from the environment through the process of observational learning. This emphasizes the importance of modeling and imitating behaviors, attitudes, and emotional reactions of others.

Bandura illustrated social learning in children with his famous Bobo doll experiment. Bandura and colleagues separated 96 children into four groups. Group 1 observed either a female or a male adult exhibiting aggressive behavior towards “Bobo”, a punching bag-like clown doll with a cone-shaped base that moves back and forth when exposed to physical force. The adult’s aggression included striking Bobo with a mallet, kicking it, tossing it in the air, sitting on it and punching it in the nose, and being verbally aggressive against Bobo (i.e. “Pow” or “Sock him”). Group 2 was exposed to a video of the same adults showing the same aggressive behavior towards the Bobo doll. Group 3 was exposed to a cartoon depicting aggressive behavior. Group 4 was shown neither a scene with an adult nor a video (control group). Afterwards, all children were led into a playroom with several toys, including a Bobo doll, to play freely for 20 minutes. An observer watched them through a one-way mirror and rated 12 times per minute whether or not he had seen aggressive behavior within the last five-second interval. The results are shown in the graph below.

Aggressive behavior by experimental group and gender of participants and role models

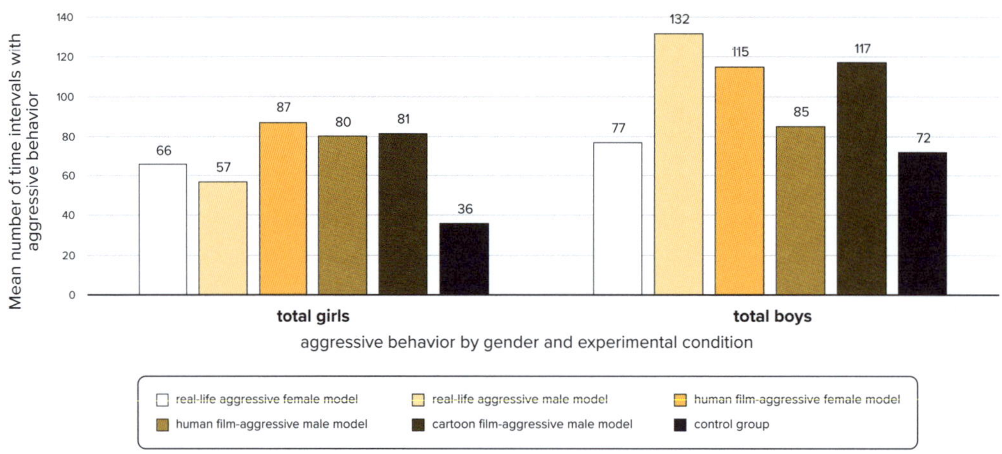

10 Bandura, A., & Walters, H. (1977). Social learning theory (Vol. 1). Prentice Hall: Englewood cliffs.
11 Bandura, A., Ross, D., & Ross, S. A. (1963). Imitation of film-mediated aggressive models. Journal of Abnormal and Social Psychology, 66, 3-11.
12 Gerrig, R. J. et al. (2018). Psychologie. 21., aktualisierte Auflage. Pearson Deutschland GmbH.

81. Which of the following statements can be derived from the text?

(A) Learning theories claim that behavior is learned through observational learning.

(B) The repeated linkage of a dentist's drill (neutral stimulus) to the experience of pain and fear can lead to anxiety if the drill is only heard or seen, due to classical conditioning.

(C) Operant conditioning focuses on the interactions between social, cognitive, and environmental influences.

(D) Social Learning Theory states that individuals automatically observe a behavior of a model and imitate it.

82. Which of the following statements is not a result of the Bobo doll experiment?

(A) Boys are more than twice as likely as girls to exhibit aggressive behavior when they observe it directly from a male model.

(B) On average, boys behave more aggressively even if they did not observe aggressive behavior before.

(C) Children who viewed the cartoon models exhibited on average nearly twice as much aggression than children in the control group.

(D) Boys imitate more aggressive behavior than girls when watching a same-sex real-life model in a movie.

Nicht umblättern! Weitere Bearbeitung erst nach Zeichen der Testleiterin oder des Testleiters.

STOP!

6. MATHEMATIKKENNTNISSE

Mit Hilfe dieses Untertests werden Ihre Vorkenntnisse im Bereich der Mathematik geprüft. Es handelt sich um Aufgaben auf Abiturniveau zu den Themengebieten: „Algebra“, „Analysis“, „Analytische Geometrie“ und „Stochastik“. Zur Erarbeitung der Fragen dürfen Sie Notizen, Unterstreichungen und Nebenrechnungen tätigen. Im Originaltest haben Sie unter jeder Aufgabe eine Seite Platz für Rechnungen. Um Papier einzusparen haben wir auf dieses Element verzichtet und empfehlen, diese Aufgaben mit einem zusätzlichen Notizblock zu lösen.

Zur Bearbeitung der **20 Fragen** stehen Ihnen **23 Minuten** zur Verfügung. Wählen Sie bei jeder Frage die zutreffende Antwort aus und markieren Sie den entsprechenden Lösungsbuchstaben auf dem Antwortbogen. Es handelt sich um Single-Choice, es ist also immer nur eine Antwort korrekt. Die Aufgaben werden nach ansteigendem Schwierigkeitsgrad präsentiert.

83. Was ist der Betrag des Vektors $\begin{pmatrix}-2\\2\end{pmatrix}$?

(A) 0

(B) 2

(C) 4

(D) $\sqrt{8}$

84. Welcher Vektor steht auf dem Vektor $\begin{pmatrix}3\\2\end{pmatrix}$ senkrecht?

(A) $\begin{pmatrix}3\\2\end{pmatrix}$

(B) $\begin{pmatrix}2\\-3\end{pmatrix}$

(C) $\begin{pmatrix}3\\-2\end{pmatrix}$

(D) $\begin{pmatrix}2\\3\end{pmatrix}$

85. Berechne den Vektor $\overrightarrow{BA}$ für die Punkte A(–1 | 2) und B(2 | 3).

(A) $\begin{pmatrix}3\\1\end{pmatrix}$

(B) $\begin{pmatrix}1\\-3\end{pmatrix}$

(C) $\begin{pmatrix}-3\\-1\end{pmatrix}$

(D) $\begin{pmatrix}1\\1\end{pmatrix}$

86. Es seien die Vektoren $\vec{v} = \begin{pmatrix} 1 \\ 5 \end{pmatrix}$ und $\vec{w} = \begin{pmatrix} -3{,}5 \\ 2 \end{pmatrix}$ gegeben.

Welcher Vektor ist das Ergebnis der Rechnung $\vec{v} - 2 \cdot \vec{w}$?

(A) $\begin{pmatrix} 8 \\ 9 \end{pmatrix}$

(B) $\begin{pmatrix} 8 \\ 1 \end{pmatrix}$

(C) $\begin{pmatrix} -6 \\ 9 \end{pmatrix}$

(D) $\begin{pmatrix} -6 \\ 1 \end{pmatrix}$

87. Welche Funktion entspricht folgendem Graphen?

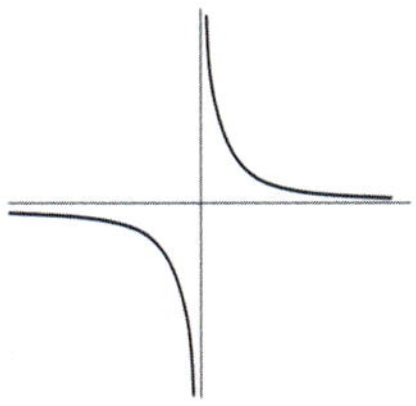

(A) $f(x) = x^3$

(B) $f(x) = x^{\frac{1}{2}}$

(C) $f(x) = \frac{1}{x} + \frac{1}{x^2}$

(D) $f(x) = \frac{1}{x}$

88. Vereinfache den Term $\frac{(11^2)^3 \cdot \frac{1}{11^{-2}}}{(11^4)^{\frac{1}{2}}}$ so weit wie möglich.

(A) 11^2

(B) 11^4

(C) 11^5

(D) 11^6

89. Welche Funktion ist eine Stammfunktion der Funktion $f(x) = 2x^2 - 3$?

(A) $F(x) = \frac{3}{2}x^3 - 3x$

(B) $F(x) = x^3 - 3$

(C) $F(x) = \frac{2}{3}x^3 - 3x$

(D) $F(x) = \frac{3}{2}x^2 - 3$

Umblättern und weiterarbeiten!

90. Aus den Zahlen von 1 bis 42 wird zufällig eine Zahl gezogen. Wie groß ist die Wahrscheinlichkeit P, dass diese Zahl durch 6 oder durch 9 teilbar ist?

(A) $P = \frac{3}{14}$

(B) $P = \frac{11}{42}$

(C) $P = \frac{5}{22}$

(D) $P = \frac{6}{22}$

91. Gegeben ist die Funktion: $f(x) = \frac{x^3 - 3x^2 + 4x + 8}{(x-4)^3 - 2x + 3}$

An welcher Stelle ist f(x) = 0?

(A) –1
(B) 0
(C) 1
(D) 2

92. Für welche Integrationsgrenzen gilt nicht $\int_a^b \cos(x)dx = 0$?

(A) $a = \pi$ und $b = 2\pi$

(B) $a = 0$ und $b = \pi$

(C) $a = \frac{\pi}{2}$ und $b = \frac{3\pi}{4}$

(D) $a = 0$ und $b = 2\pi$

93. In Urne A liegen 4 Kugeln: Eine rote, eine grüne, eine blaue und eine schwarze. In Urne B liegen ebenfalls 4 Kugeln: Zwei grüne, eine gelbe und eine schwarze. In Urne C liegen 3 weiße Kugeln. Aus jeder Urne wird zufällig eine Kugel gezogen.

Wie groß ist die Wahrscheinlichkeit, dass dabei keine grüne Kugel gezogen wird?

(A) 37,5 %
(B) 62,5 %
(C) 12,5 %
(D) 50 %

94. Die Funktionen f(x) und g(x) und sind gegeben durch $f(x) = \frac{1-x}{x}$ und $g(x) = x - 1$.

Welcher Ausdruck entspricht der Funktion f(g(x))?

(A) $\frac{x}{x-1}$

(B) $\frac{2-x}{x-1}$

(C) $\frac{2}{x} - 1$

(D) -1

95. Wie groß ist x in der Gleichung $\frac{x \cdot 10^2 \cdot 1{,}5 \cdot 10^{-3} \cdot 4 \cdot 10^4}{10^5 \cdot x^2} = 0{,}1$?

(A) $\frac{2}{3}$

(B) $\frac{3}{4}$

(C) $\frac{3}{5}$

(D) 2

96. Eine gewöhnliche Münze zeigt im Mittel in der Hälfte der Fälle „Zahl" und in der Hälfte der Fälle „Kopf". Die Münze wird viermal hintereinander geworfen.

Wie groß ist die Wahrscheinlichkeit, dass sie genau zweimal „Kopf" zeigt?

(A) $\frac{3}{8}$

(B) $\frac{2}{5}$

(C) $\frac{1}{3}$

(D) $\frac{1}{8}$

97. Die Zufallsvariable X ist geometrisch verteilt mit der Verteilungsfunktion $F(k) = 1 - (1 - 0{,}75)^k$.

Wie groß ist die Wahrscheinlichkeit $P(X > 2)$?

(A) $\frac{7}{16}$

(B) $\frac{9}{16}$

(C) $\frac{1}{16}$

(D) $\frac{15}{16}$

98. Vereinfache den Term $\frac{10^2 \cdot 10^{-5}}{10\,000} + 10^{-7}$ so weit wie möglich.

(A) $2 \cdot 10^{-7}$

(B) 10^{-7}

(C) 10^{-6}

(D) 1

Umblättern und weiterarbeiten!

99. Medizinische Tests erkennen eine Erkrankung nur mit einer bestimmten Wahrscheinlichkeit. Um die Erkennungsrate zu erhöhen, werden zwei Tests hintereinander durchgeführt. Der erste Test erkennt die Krankheit mit einer Wahrscheinlichkeit von 80 %, der zweite Test mit einer Wahrscheinlichkeit von 75 %.

Wie hoch ist die Wahrscheinlichkeit, dass eine erkrankte Person auch als solche identifiziert werden kann?

(A) 75 %
(B) 80 %
(C) 90 %
(D) 95 %

100. **Was ist die Ableitung der Funktion $f(x) = x \cdot \ln(x + 5)$?**

(A) $f'(x) = \frac{x \ln(x + 5)}{x + 5}$

(B) $f'(x) = \ln(x)$

(C) $f'(x) = \frac{(x + 5) \cdot \ln(x + 5) + x}{x + 5}$

(D) $f'(x) = \frac{\ln(x + 5) + x}{5 + x}$

101. Aus einem Skatblatt (32 Karten: 7, 8, 9, 10, Bube, Dame, König, Ass – je vier Karten pro Wertigkeit) werden zwei zufällige Karten gezogen.

Wie hoch ist die Wahrscheinlichkeit, dass mindestens ein König dabei ist?

(A) etwa 12,6 %
(B) etwa 23,8 %
(C) etwa 31,5 %
(D) etwa 37,4 %

102. **Welchen Wert besitzt die Funktion $f(x) = \ln(2x^2)$ an der Stelle $x = e$?**

(A) 4
(B) $2 \cdot \ln(2) + 2$
(C) $\ln(2) + 2$
(D) 2e

Nicht umblättern! Weitere Bearbeitung erst nach Zeichen der Testleiterin oder des Testleiters.

STOP!

7. BIOLOGIEKENNTNISSE

Mit Hilfe dieses Untertests werden Ihre Vorkenntnisse im Bereich der Biologie geprüft. Es handelt sich um Aufgaben auf Abiturniveau zu den Themengebieten: „Anatomie", „Evolution", „Fortpflanzung und Entwicklung", „Genetik", „Neurobiologie", „Verhaltensbiologie", „Stoffwechsel" und „Zellbiologie". Zur Erarbeitung der Fragen dürfen Sie Notizen und Unterstreichungen tätigen.

Zur Bearbeitung der **20 Fragen** stehen Ihnen **8 Minuten** zur Verfügung. Wählen Sie bei jeder Frage die zutreffende Antwort aus und markieren Sie den entsprechenden Lösungsbuchstaben auf dem Antwortbogen. Es handelt sich um Single-Choice, es ist also immer nur eine Antwort korrekt.

103. Welche Bedeutung hat die Bezeichnung „Homo sapiens" in der biologischen Systematik?

(A) „Homo sapiens" bedeutet „aufgerichteter Mensch".
(B) „Homo sapiens" gehört zur Familie der Menschenaffen und ist vermutlich ein direkter Nachfahre des „Homo ergaster".
(C) „Homo" bezeichnet die Art, „sapiens" die Gattung.
(D) „Homo sapiens" bezeichnet den modernen Menschen.

104. Welche Aussage zum Citratzyklus ist nicht korrekt?

(A) Es wird Acetyl-CoA in den Citratzyklus eingespeist.
(B) Oxalacetat wird zu Citrat umgewandelt.
(C) Reduzierte Koenzyme verlassen den Zyklus.
(D) Es entsteht ATP.

105. Wo liegt das Atemzentrum?

(A) Pons
(B) Zwischenhirn (Diencephalon)
(C) Großhirn (Telencephalon)
(D) Nachhirn (Myelencephalon)

106. Welche Aussage über das zentrale Nervensystem ist falsch?

(A) Es besteht aus Gehirn und Rückenmark.
(B) Der Hirnnerv, der die Wahrnehmungen der Riechrezeptoren ins Gehirn weiterleitet wird als Nervus opticus bezeichnet.
(C) Das Gehirn besteht aus zwei Hemisphären.
(D) Es steuert unsere Organfunktionen unwillkürlich.

107. An welchem Ort wird das Hormon Melatonin gebildet?
(A) Schilddrüse
(B) Epiphyse
(C) Hypothalamus
(D) Nebenniere

108. Welche Wirkung hat das Hormon Insulin?
(A) Es hemmt die Glykolyse.
(B) Es steigert die Aufnahme von Glucose in die Zelle.
(C) Es steigert die Gluconeogenese.
(D) Es steigert den Blutzuckerspiegel.

109. Welche der folgenden Aussagen zum Follikelstimulierenden Hormon (FSH) ist richtig?
(A) FSH fördert die Follikelreifung.
(B) FSH wird im Eierstock gebildet.
(C) FSH spielt nur bei Frauen eine Rolle.
(D) FSH ist das entscheidende Hormon für die Entwicklung des Gelbkörpers.

110. Welche der folgenden Aussagen ist richtig?
(A) Die Ovulation findet zu Beginn eines jeden Zyklus statt.
(B) In jedem Zyklus reifen zunächst mehrere Follikel heran, wovon jedoch nur einer zum sprungreifen Follikel wird.
(C) In jedem Zyklus entstehen insgesamt zwei sprungreife Follikel (jeweils einer in jedem der beiden Ovarien).
(D) Das Wachstum der Follikel wird in erster Linie durch das luteinisierende Hormon (LH) gefördert.

111. In welchem der folgenden Organe kommt es beim Typ-1-Diabetes mellitus zur Zerstörung der Betazellen?
(A) Leber
(B) Herz
(C) Blase
(D) Pankreas

112. Was gilt nicht als Auslöser von Mutationen?
(A) UV-Strahlung
(B) Nitrosamine
(C) Röntgenstrahlung
(D) Infrarotstrahlung

Umblättern und weiterarbeiten!

113. Welche der folgenden Aussagen zum Lernen durch Prägung ist nicht korrekt?
(A) Das Lernen durch Prägung kann im Lauf des gesamten Lebens stattfinden.
(B) Bei der motorischen Prägung eignet sich ein Tier eine Verhaltensweise oder einen Bewegungsablauf an.
(C) Frisch geschlüpfte Gänseküken werden prinzipiell allen Objekten folgen, die regelmäßige Geräusche abgeben, da noch keine Nachfolgeprägung stattgefunden hat.
(D) Belohnung und Bestrafung sind bei dieser Form des Lernens irrelevant.

114. Welche Funktionen erfüllt der Golgi-Apparat?
(A) ATP-Synthese
(B) Abbau von Fettsäuren
(C) Bildung von Zellorganellen
(D) Ca^{2+}-Speicherung bei quergestreifter Muskulatur

115. Welcher Teil der Nervenzelle ist für die Ausschüttung chemischer Botenstoffe (sogenannte Neurotransmitter) zuständig?
(A) Synapse
(B) Dendrit
(C) Axon
(D) Nervenzellkern

116. Welches der folgenden Organe ist nicht von Nerven durchzogen?
(A) Leber
(B) Plazenta
(C) Herz
(D) Prostata

117. Wozu dienen die Stäbchen im menschlichen Auge?
(A) Zum Scharfsehen
(B) Zur Akkomodation
(C) Zum Erkennen von Hell und Dunkel
(D) Zum Farbsehen

118. Die Dominanz eines Allels hat bei einem Individuum am ehesten Einfluss auf …
(A) den Genotyp.
(B) das Genom.
(C) den Phänotyp.
(D) die Heterozygotie.

119. Wozu dienen Lysosomen?
(A) Der Transkription von DNA.
(B) Dem Transport innerhalb der Zelle.
(C) Dem Abbau von Makromolekülen mittels Enzymen.
(D) Der Produktion von wichtigen Enzymen.

120. Welche Aussage zum Skinner-Box Experiment ist korrekt?

(A) Die versuchsdurchführende Person muss dem Tier zeigen, wie es das Futter erhalten kann, damit das Tier dies im Verlauf des Experiments reproduzieren kann.
(B) Durch das Skinner-Box Experiment können Tiere dazu konditioniert werden bestimmte Verhaltensmuster zu unterlassen.
(C) Das Experiment kann maximal einen einzelnen Reiz einbeziehen.
(D) Belohnung in Form von Futter spielt eine essenzielle Rolle in jedem Skinner-Box Experiment.

121. Welche der folgenden Aussagen zu Testosteron ist falsch?

(A) Testosteron wird in den Hoden gebildet.
(B) Testosteron wird in den Eierstöcken gebildet.
(C) Testosteron bewirkt die Ausbildung eines männlichen Phänotyps.
(D) Testosteron fördert das Wachstum der Kopfbehaarung.

122. Welches Enzym spielt eine wichtige Rolle bei der Regulation der Glykolyse?

(A) Transglucosylase
(B) Glycerinlipase
(C) Phosphofructokinase
(D) Cholinesterase

Nicht umblättern! Weitere Bearbeitung erst nach Zeichen der Testleiterin oder des Testleiters.

STOP!

8. FIGURALES SCHLUSSFOLGERN

Die folgenden **28 Aufgaben** prüfen Ihr schlussfolgerndes Denken und Ihre Visuokonstruktion. Zur Bearbeitung der Aufgaben stehen Ihnen **20 Minuten** zur Verfügung.

Eine Aufgabe besteht aus jeweils acht ausgestalteten Zellen. Ihre Aufgabe ist es, zu entscheiden, welche Ausgestaltung sich für die neunte Zelle unten rechts logisch ableiten lässt. Über die Zellen einer Zeile hinweg folgen die Figuren bestimmten Regeln. Für die Gestaltung der neunten Zelle steht Ihnen ein Pool aus 20 Elementen zur Verfügung. Die Aufgaben werden nach ansteigendem Schwierigkeitsgrad präsentiert.

123.

23 min
24/128 richtig

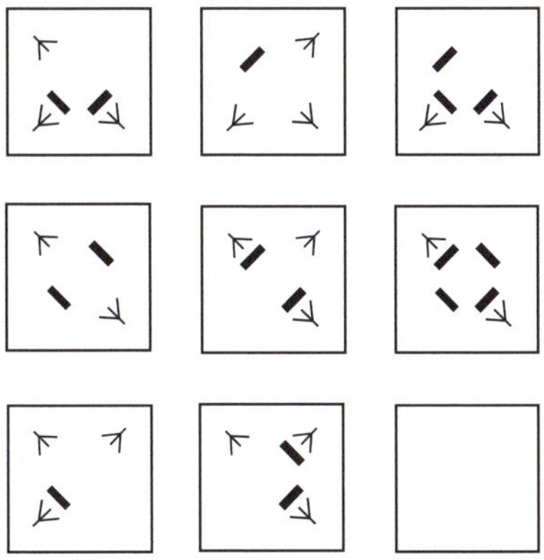

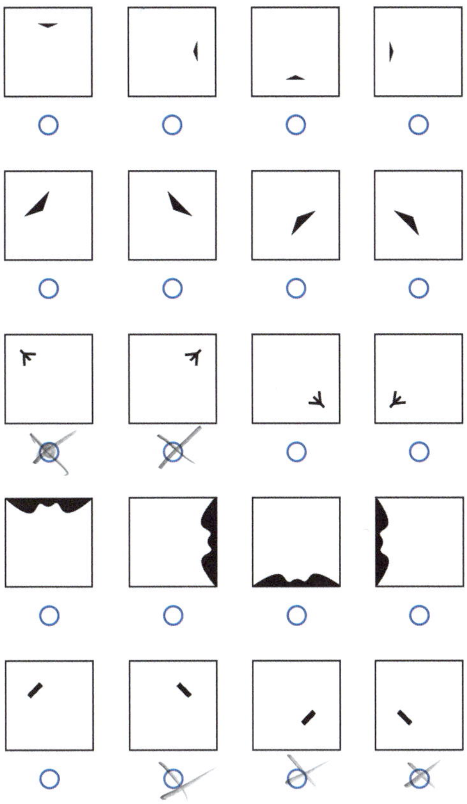

Umblättern und weiterarbeiten!

124.

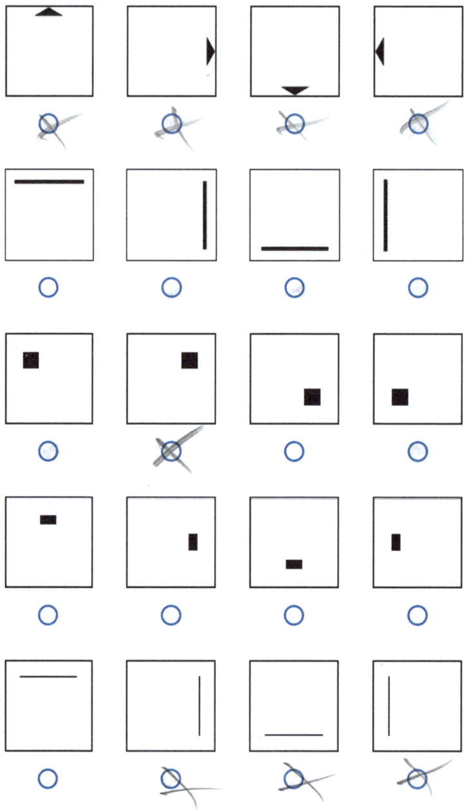

125.

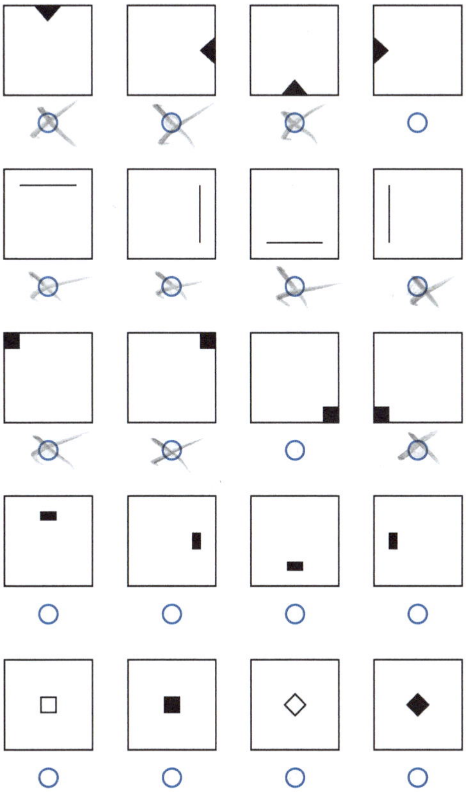

Umblättern und weiterarbeiten!

126.

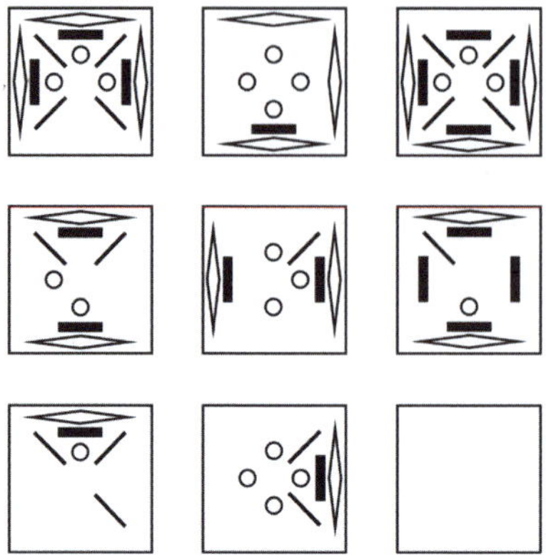

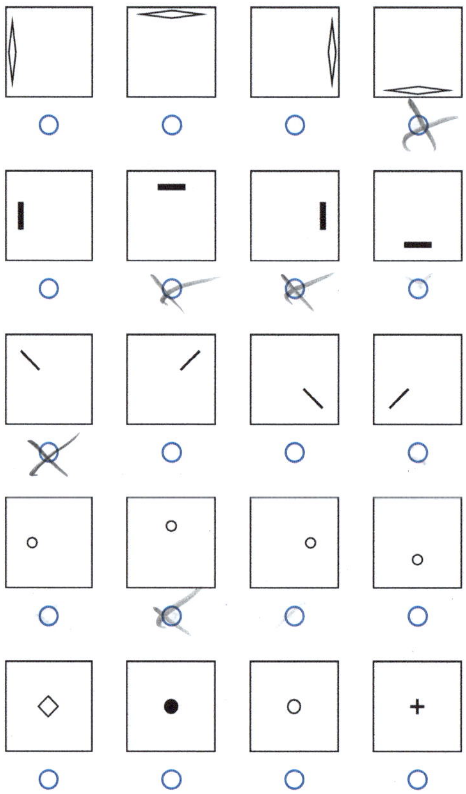

127.

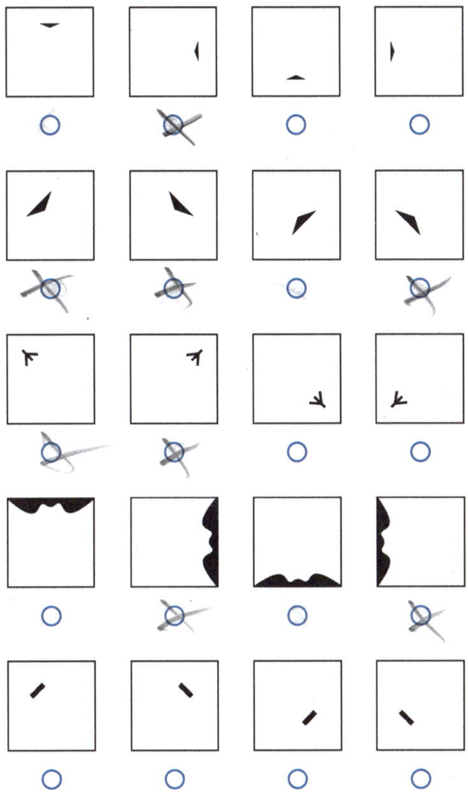

Umblättern und weiterarbeiten!

128.

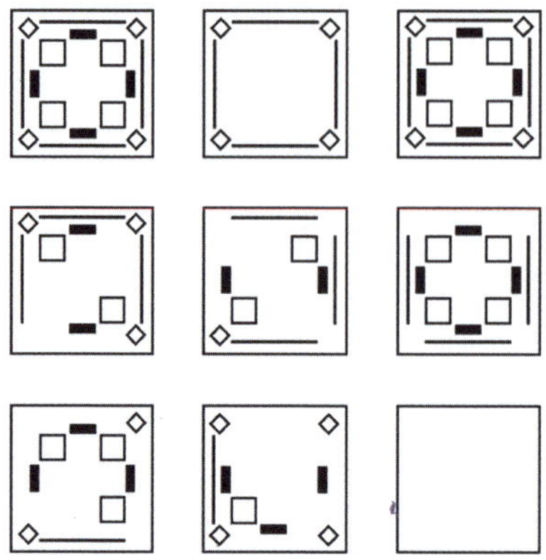

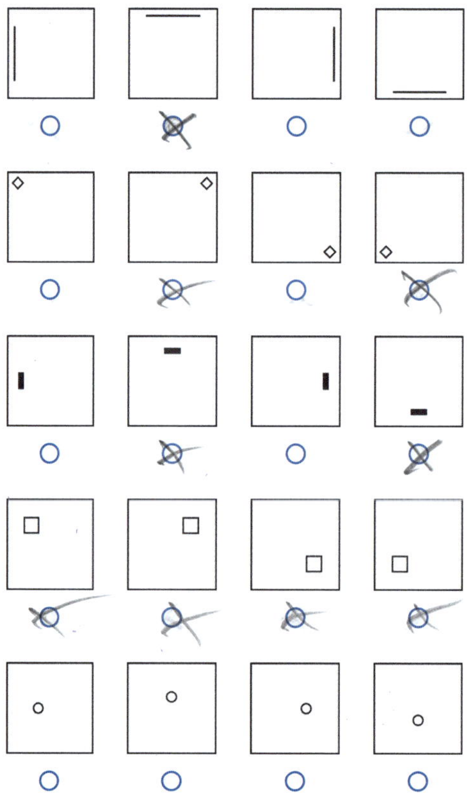

129.

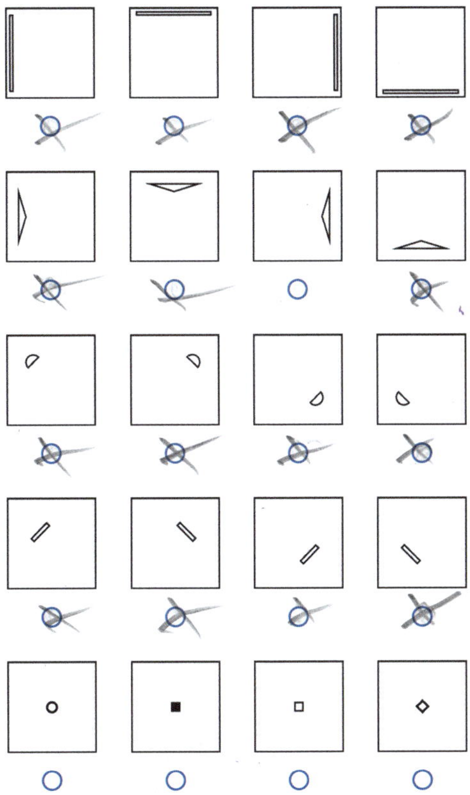

Umblättern und weiterarbeiten!

130.

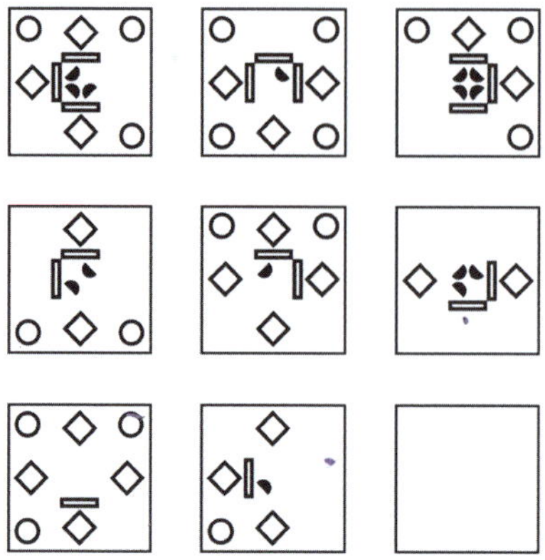

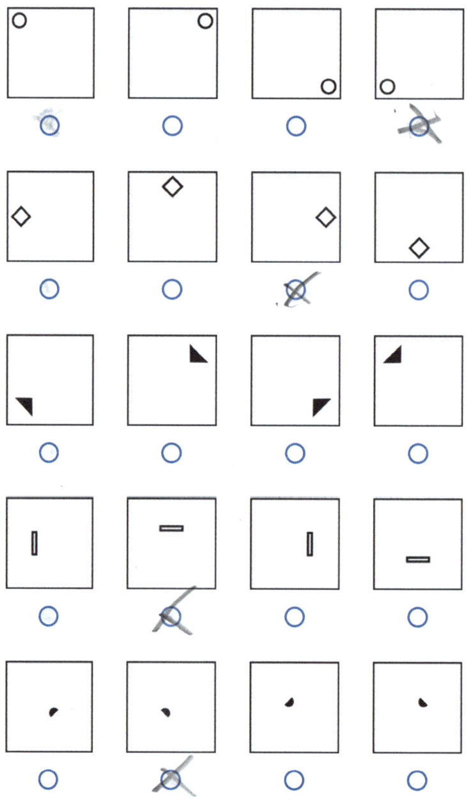

131.

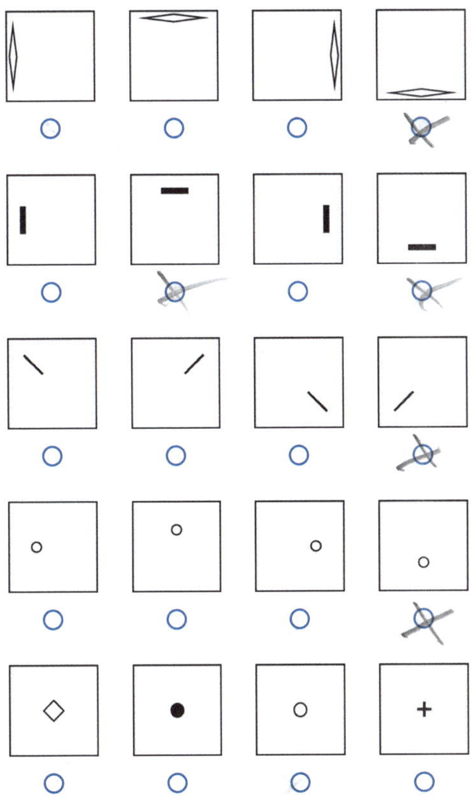

Umblättern und weiterarbeiten!

132.

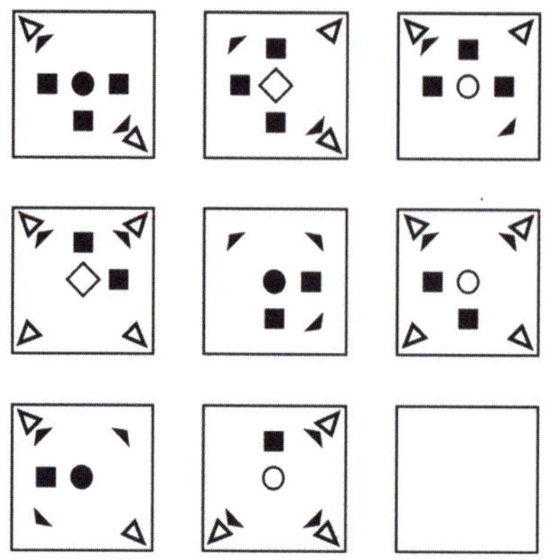

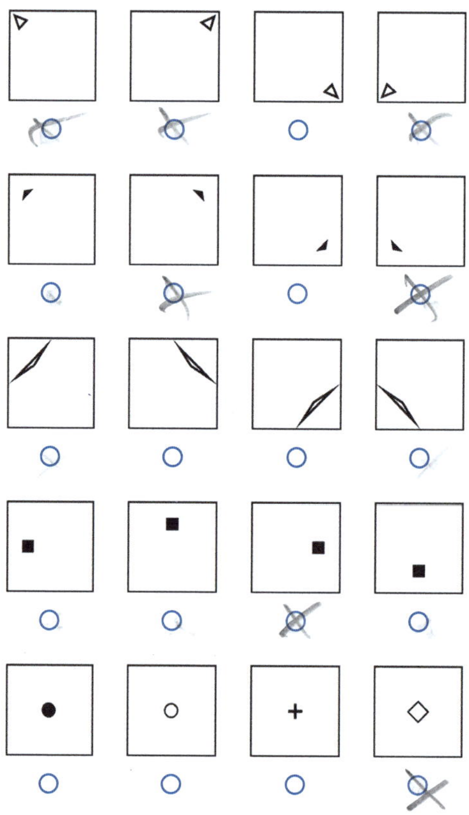

133.

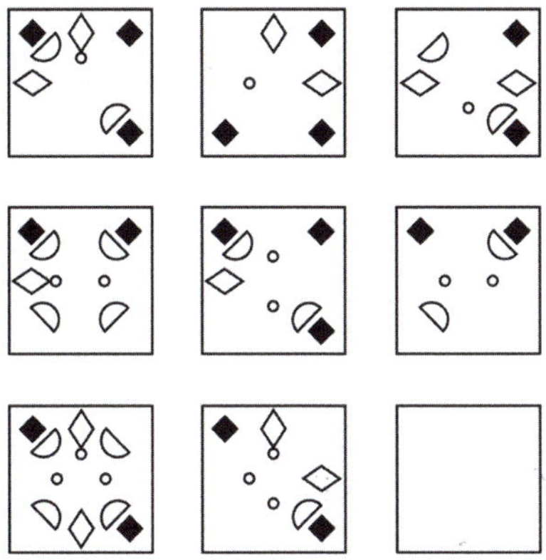

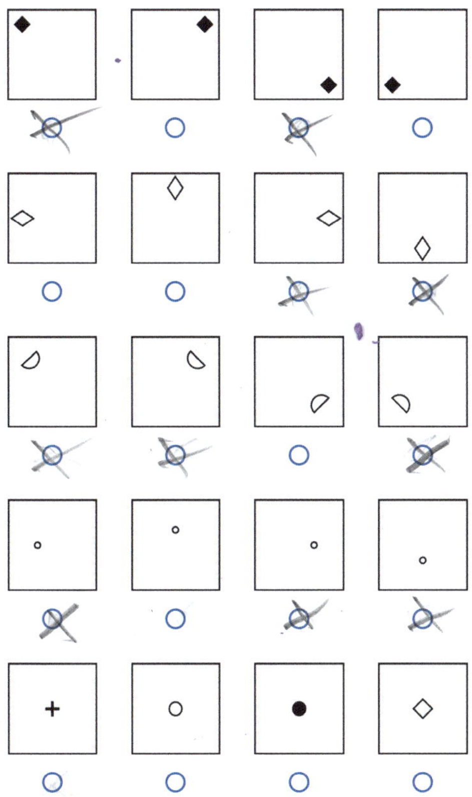

Umblättern und weiterarbeiten!

134.

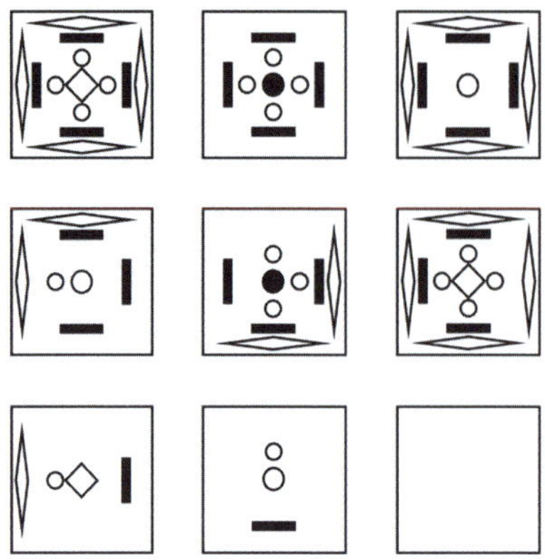

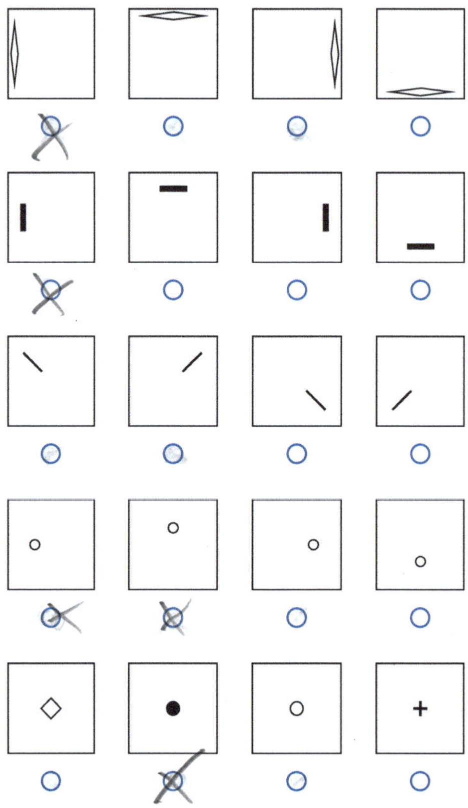

135.

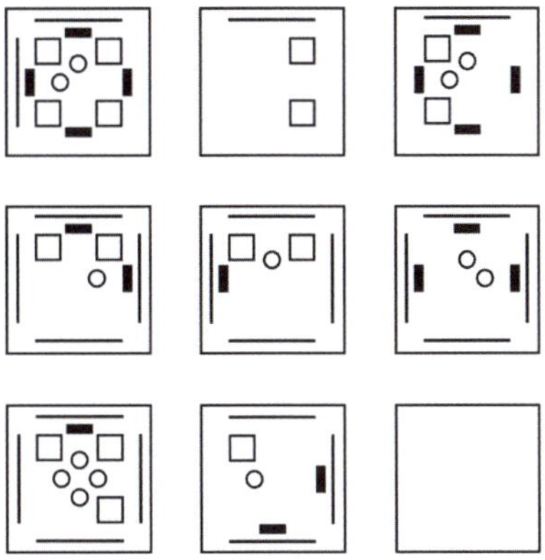

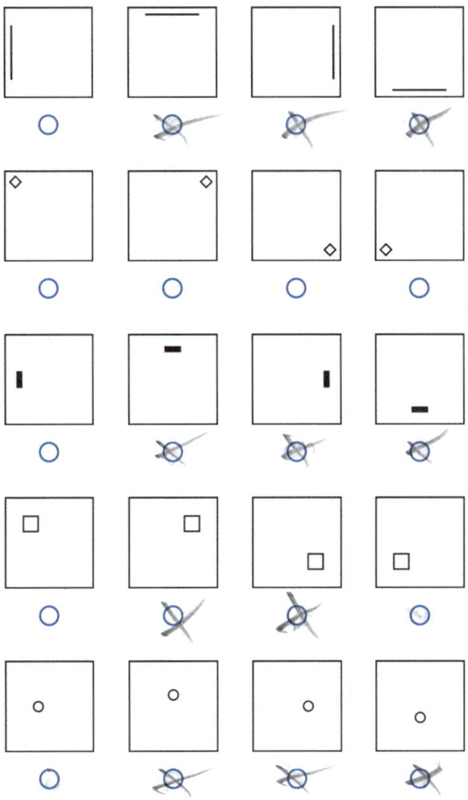

Umblättern und weiterarbeiten!

136.

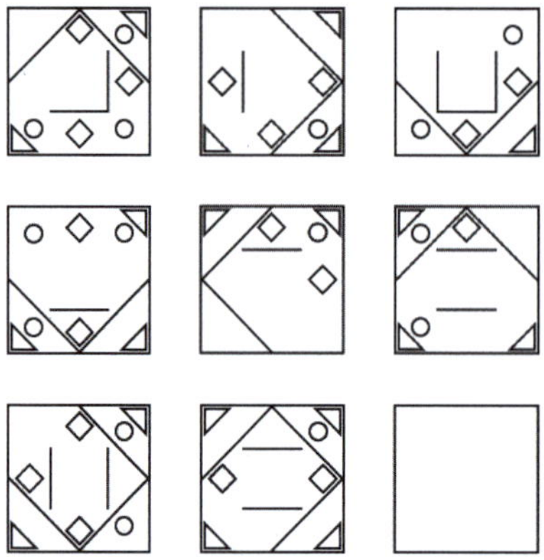

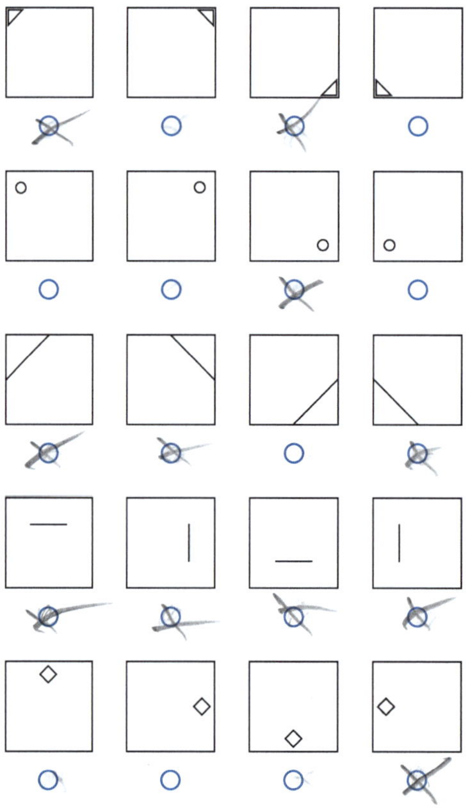

137.

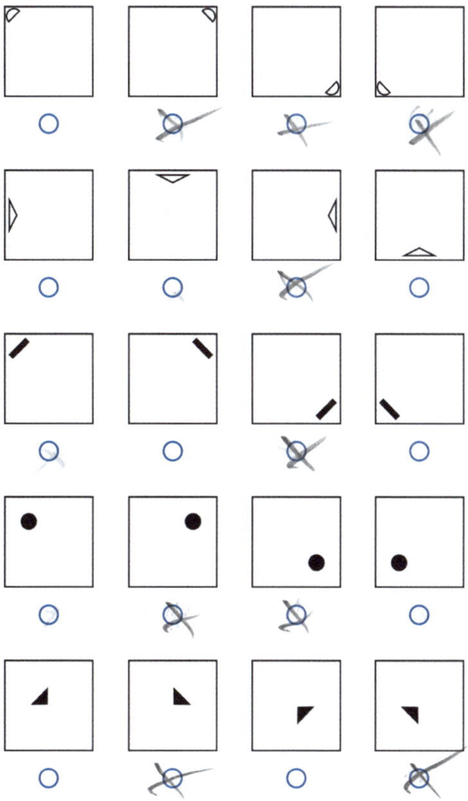

Umblättern und weiterarbeiten!

138.

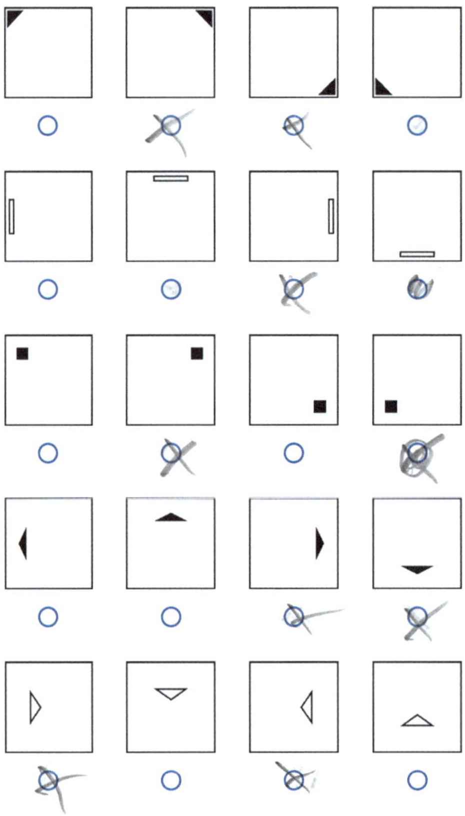

139.

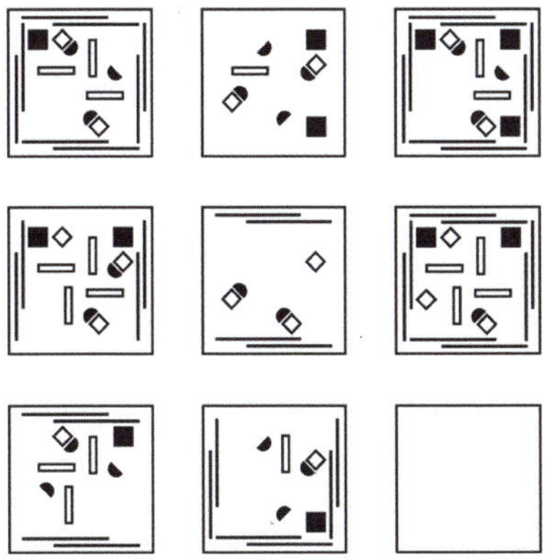

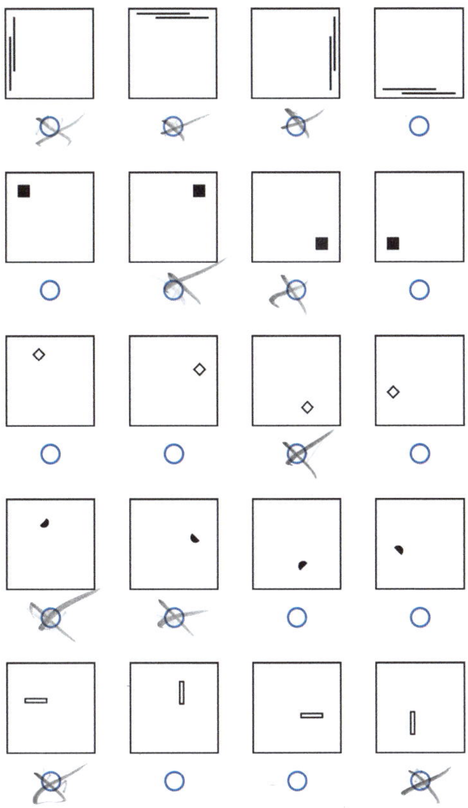

Umblättern und weiterarbeiten!

140.

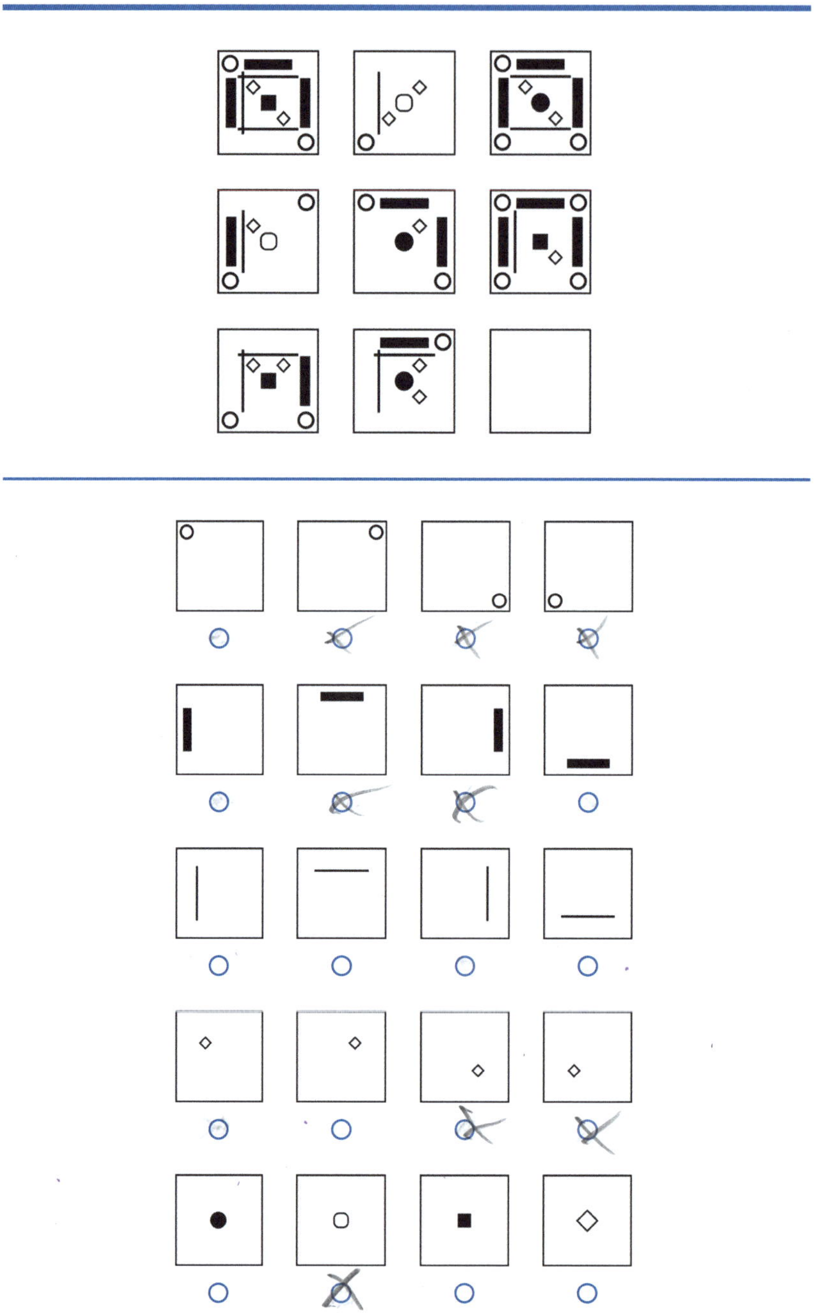

141.

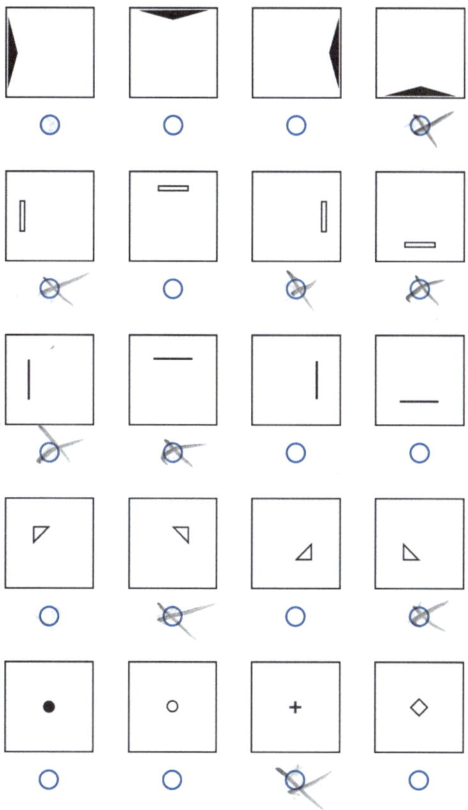

Umblättern und weiterarbeiten!

142.

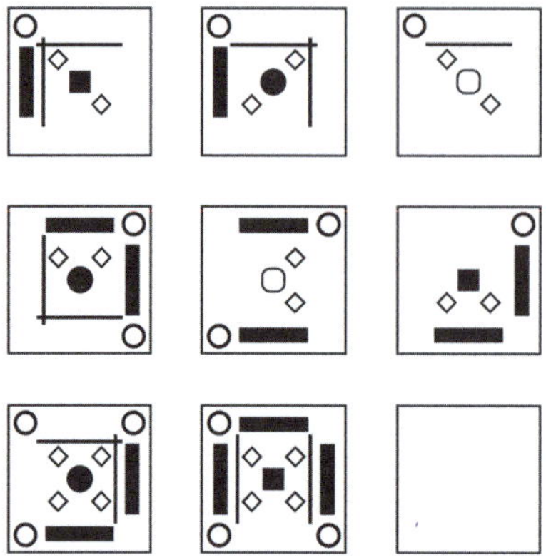

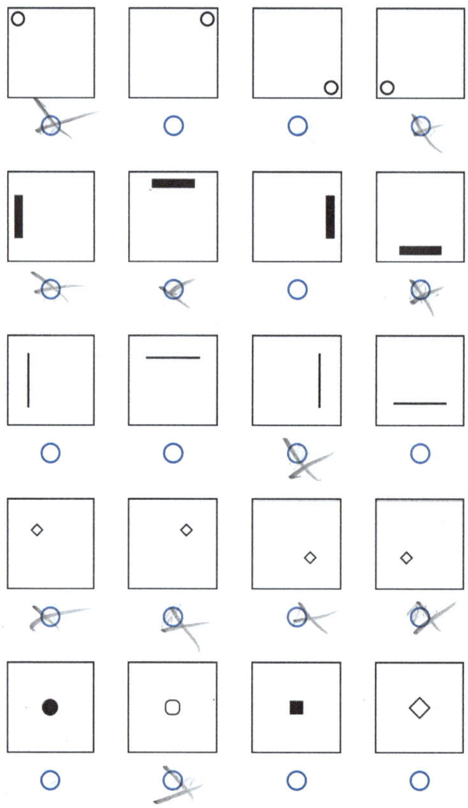

143.

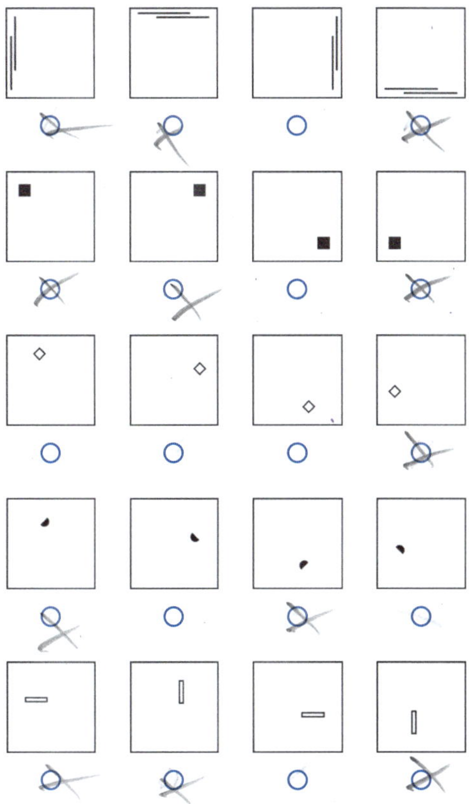

Umblättern und weiterarbeiten!

144.

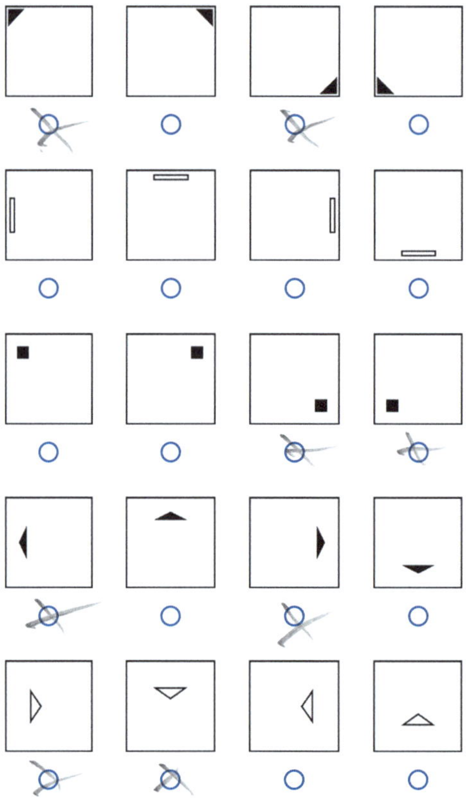

145.

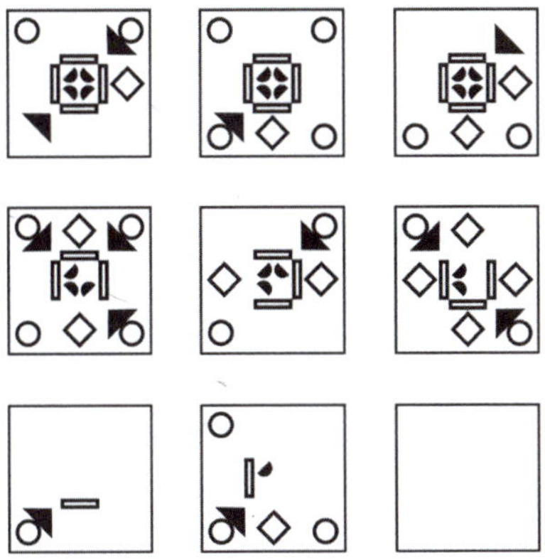

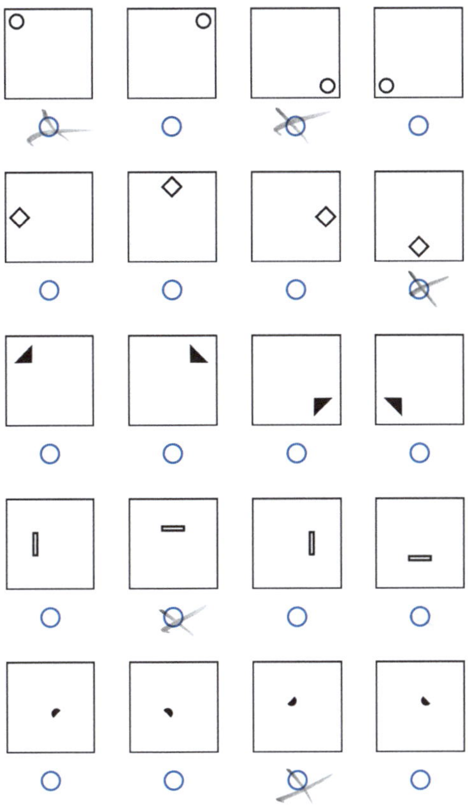

Umblättern und weiterarbeiten!

146.

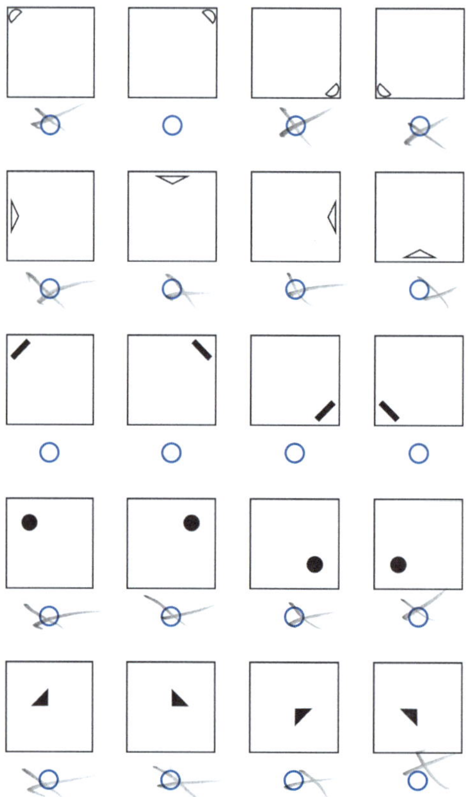

147.

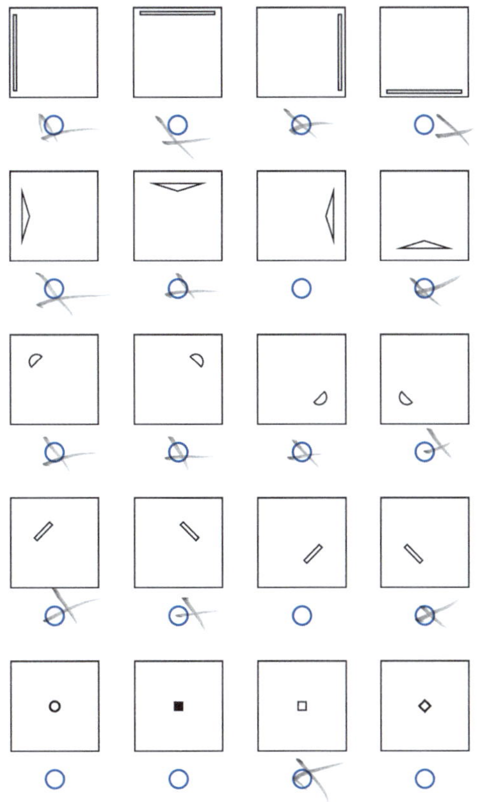

Umblättern und weiterarbeiten!

148.

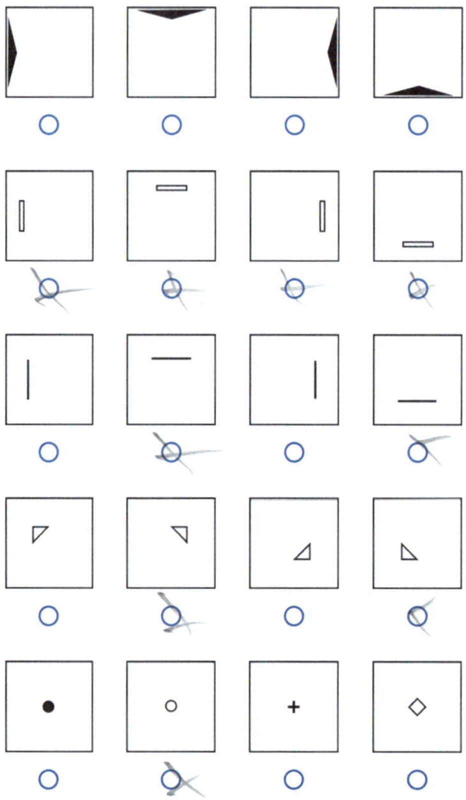

149.

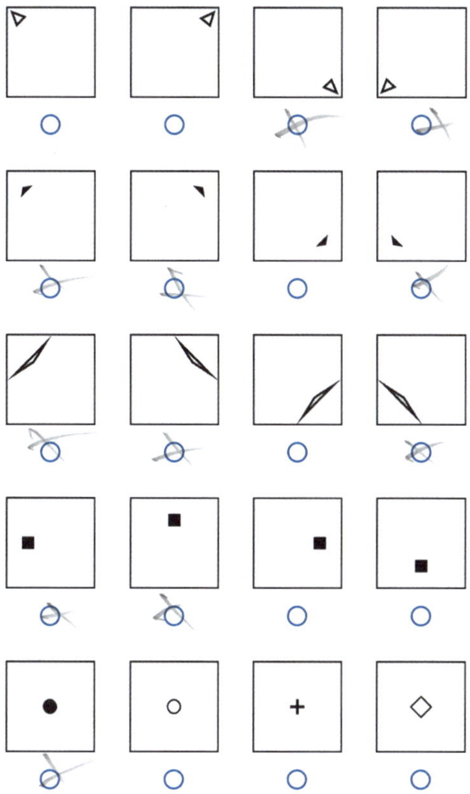

Umblättern und weiterarbeiten!

150.

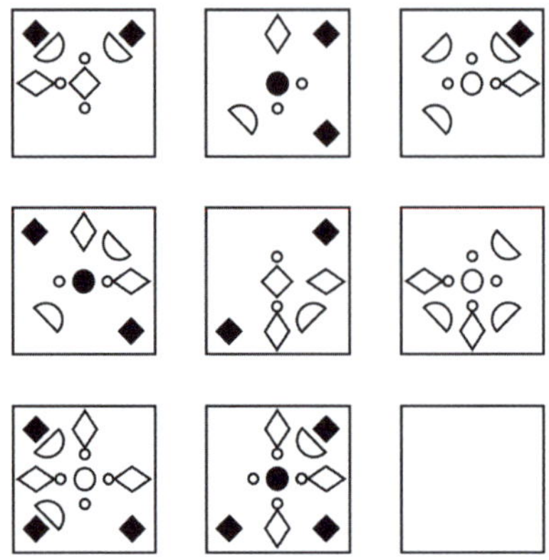

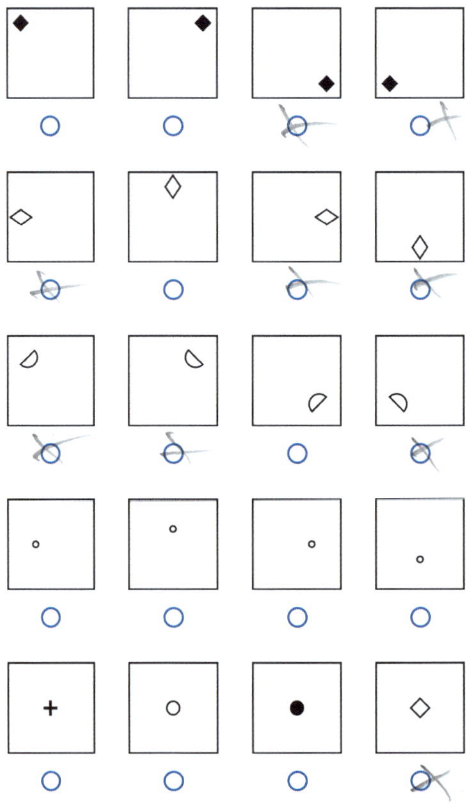

VORSICHT

Du hast es geschafft, herzlichen Glückwunsch! Du hast eine komplette Probesimulation absolviert. Schlimmer wird es im echten Test auch nicht, daher: Chapeau!

4 LÖSUNGEN

LÖSUNGEN

Den nebenstehenden Antwortbogen kannst Du alternativ auch als pdf downloaden und anschließend ausdrucken. Folge dafür einfach dem QR-Code mit der Beschriftung „Antwortbogen zum Ausdrucken". Wie im **Kapitel Wichtige Hinweise** bereits erwähnt, kannst Du Deine Simulation auch bequem digital auswerten lassen. Folge dafür einfach dem QR-Code „Digitale Auswertung mit Ranking" (Du musst Dich vorher kostenlos registriert haben). Neben der Auswertung erhältst Du ein Ranking, um Dich besser im Vergleich mit den anderen TeilnehmerInnern einschätzen zu können.

Zusätzlich findest Du online zu jeder Aufgabe in diesem Buch eine ausführliche Musterlösung. Zu diesen gelangst Du über den **QR-Code Musterlösungen zum Ausdrucken**.

Solltest Du trotzdem noch eine Frage zu einer Aufgabe haben, nutze die Feedback-Funktion, welche Du unter jeder Aufgabe findest. Unser Support-Team hilft Dir in der Regel innerhalb von 24 Stunden.

1. ANTWORTBOGEN

Digitale Auswertung mit Ranking

Antwortbogen zum Ausdrucken

NUMERISCHES SCHLUSSFOLGERN

	(A)	(B)	(C)	(D)
1	☐	☐	☐	☐
2	☐	☐	☐	☐
3	☐	☐	☐	☐
4	☐	☐	☐	☐
5	☐	☐	☐	☐
6	☐	☐	☐	☐
7	☐	☐	☐	☐
8	☐	☐	☐	☐
9	☐	☐	☐	☐
10	☐	☐	☐	☐
11	☐	☐	☐	☐
12	☐	☐	☐	☐
13	☐	☐	☐	☐
14	☐	☐	☐	☐
15	☐	☐	☐	☐
16	☐	☐	☐	☐
17	☐	☐	☐	☐
18	☐	☐	☐	☐
19	☐	☐	☐	☐
20	☐	☐	☐	☐

VERBALES SCHLUSSFOLGERN

	(A)	(B)	(C)	(D)
42	☐	☐	☐	☐
43	☐	☐	☐	☐
44	☐	☐	☐	☐
45	☐	☐	☐	☐
46	☐	☐	☐	☐
47	☐	☐	☐	☐
48	☐	☐	☐	☐
49	☐	☐	☐	☐
50	☐	☐	☐	☐
51	☐	☐	☐	☐
52	☐	☐	☐	☐
53	☐	☐	☐	☐
54	☐	☐	☐	☐
55	☐	☐	☐	☐
56	☐	☐	☐	☐
57	☐	☐	☐	☐
58	☐	☐	☐	☐
59	☐	☐	☐	☐
60	☐	☐	☐	☐
61	☐	☐	☐	☐

MATHEMATIKKENNTNISSE

	(A)	(B)	(C)	(D)
83	☐	☐	☐	☐
84	☐	☐	☐	☐
85	☐	☐	☐	☐
86	☐	☐	☐	☐
87	☐	☐	☐	☐
88	☐	☐	☐	☐
89	☐	☐	☐	☐
90	☐	☐	☐	☐
91	☐	☐	☐	☐
92	☐	☐	☐	☐
93	☐	☐	☐	☐
94	☐	☐	☐	☐
95	☐	☐	☐	☐
96	☐	☐	☐	☐
97	☐	☐	☐	☐
98	☐	☐	☐	☐
99	☐	☐	☐	☐
100	☐	☐	☐	☐
101	☐	☐	☐	☐
102	☐	☐	☐	☐

PSYCHOLOGIEVERSTÄNDNIS

	(A)	(B)	(C)	(D)
21	☐	☐	☐	☐
22	☐	☐	☐	☐
23	☐	☐	☐	☐
24	☐	☐	☐	☐
25	☐	☐	☐	☐
26	☐	☐	☐	☐
27	☐	☐	☐	☐
28	☐	☐	☐	☐
29	☐	☐	☐	☐
30	☐	☐	☐	☐
31	☐	☐	☐	☐
32	☐	☐	☐	☐
33	☐	☐	☐	☐
34	☐	☐	☐	☐
35	☐	☐	☐	☐
36	☐	☐	☐	☐
37	☐	☐	☐	☐
38	☐	☐	☐	☐
39	☐	☐	☐	☐
40	☐	☐	☐	☐
41	☐	☐	☐	☐

ENGLISCHVERSTÄNDNIS

	(A)	(B)	(C)	(D)
62	☐	☐	☐	☐
63	☐	☐	☐	☐
64	☐	☐	☐	☐
65	☐	☐	☐	☐
66	☐	☐	☐	☐
67	☐	☐	☐	☐
68	☐	☐	☐	☐
69	☐	☐	☐	☐
70	☐	☐	☐	☐
71	☐	☐	☐	☐
72	☐	☐	☐	☐
73	☐	☐	☐	☐
74	☐	☐	☐	☐
75	☐	☐	☐	☐
76	☐	☐	☐	☐
77	☐	☐	☐	☐
78	☐	☐	☐	☐
79	☐	☐	☐	☐
80	☐	☐	☐	☐
81	☐	☐	☐	☐
82	☐	☐	☐	☐

BIOLOGIEKENNTNISSE

	(A)	(B)	(C)	(D)
103	☐	☐	☐	☐
104	☐	☐	☐	☐
105	☐	☐	☐	☐
106	☐	☐	☐	☐
107	☐	☐	☐	☐
108	☐	☐	☐	☐
109	☐	☐	☐	☐
110	☐	☐	☐	☐
111	☐	☐	☐	☐
112	☐	☐	☐	☐
113	☐	☐	☐	☐
114	☐	☐	☐	☐
115	☐	☐	☐	☐
116	☐	☐	☐	☐
117	☐	☐	☐	☐
118	☐	☐	☐	☐
119	☐	☐	☐	☐
120	☐	☐	☐	☐
121	☐	☐	☐	☐
122	☐	☐	☐	☐

2. LÖSUNGEN

Musterlösungen zum Ausdrucken

NUMERISCHES SCHLUSSFOLGERN				
	(A)	(B)	(C)	(D)
1	□	□	□	■
2	□	■	□	□
3	□	□	■	□
4	□	■	□	□
5	□	□	■	□
6	■	□	□	□
7	□	□	■	□
8	□	□	■	□
9	□	■	□	□
10	□	■	□	□
11	■	□	□	□
12	□	□	□	■
13	■	□	□	□
14	□	□	□	■
15	□	■	□	□
16	□	□	■	□
17	■	□	□	□
18	■	□	□	□
19	□	□	□	■
20	□	□	□	■

VERBALES SCHLUSSFOLGERN				
	(A)	(B)	(C)	(D)
42	□	□	□	■
43	■	□	□	□
44	□	□	□	■
45	□	□	□	■
46	□	■	□	□
47	□	■	□	□
48	■	□	□	□
49	□	■	□	□
50	■	□	□	□
51	□	■	□	□
52	□	□	■	□
53	□	■	□	□
54	□	□	■	□
55	□	□	□	■
56	□	□	□	■
57	■	□	□	□
58	□	□	■	□
59	■	□	□	□
60	□	□	■	□
61	□	□	■	□

MATHEMATIKKENNTNISSE				
	(A)	(B)	(C)	(D)
83	□	□	□	■
84	□	■	□	□
85	□	□	■	□
86	□	■	□	□
87	□	□	□	■
88	□	□	□	■
89	□	□	■	□
90	■	□	□	□
91	■	□	□	□
92	□	□	■	□
93	■	□	□	□
94	□	■	□	□
95	□	□	■	□
96	■	□	□	□
97	□	□	■	□
98	■	□	□	□
99	□	□	□	■
100	□	□	■	□
101	□	■	□	□
102	□	□	■	□

PSYCHOLOGIEVERSTÄNDNIS				
	(A)	(B)	(C)	(D)
21	■	□	□	□
22	□	□	□	■
23	□	□	□	■
24	■	□	□	□
25	□	□	■	□
26	□	■	□	□
27	■	□	□	□
28	■	□	□	□
29	□	□	□	■
30	□	□	■	□
31	□	□	■	□
32	□	■	□	□
33	□	□	■	□
34	□	□	□	■
35	□	■	□	□
36	□	□	□	■
37	■	□	□	□
38	□	□	■	□
39	□	■	□	□
40	□	□	□	■
41	□	■	□	□

ENGLISCHVERSTÄNDNIS				
	(A)	(B)	(C)	(D)
62	□	■	□	□
63	□	□	□	■
64	□	□	■	□
65	■	□	□	□
66	□	□	□	■
67	□	■	□	□
68	□	■	□	□
69	□	□	■	□
70	□	■	□	□
71	□	□	□	■
72	□	□	■	□
73	□	□	■	□
74	□	■	□	□
75	■	□	□	□
76	■	□	□	□
77	□	□	□	■
78	□	■	□	□
79	■	□	□	□
80	□	□	□	■
81	□	■	□	□
82	□	□	□	■

BIOLOGIEKENNTNISSE				
	(A)	(B)	(C)	(D)
103	□	□	□	■
104	□	□	□	■
105	□	□	□	■
106	□	■	□	□
107	□	■	□	□
108	□	■	□	□
109	■	□	□	□
110	□	■	□	□
111	□	□	□	■
112	□	□	□	■
113	■	□	□	□
114	□	□	■	□
115	■	□	□	□
116	□	■	□	□
117	□	□	■	□
118	□	□	■	□
119	□	□	■	□
120	□	■	□	□
121	□	□	□	■
122	□	□	■	□

Die Lösungen zum Figuralen Schlussfolgern 123.-150. findest Du im folgenden **Kapitel Figurales Schlussfolgern – Lösungen**.

3. FIGURALES SCHLUSSFOLGERN – LÖSUNGEN

Ψ TIPP

Um Papier einzusparen, haben wir die Lösungsmatrizen hier in verkleinerter Version dargestellt. Hättest Du die Lösungsmatrizen lieber gern in der Originalgröße und mit den richtig ausgefüllten Antwortkästchen dargestellt? Kein Problem! Schaue dafür einfach in unsere digitalen Musterlösungen.

123.

- Hühnerfüße: Schnittmenge
- Rauten: Addition

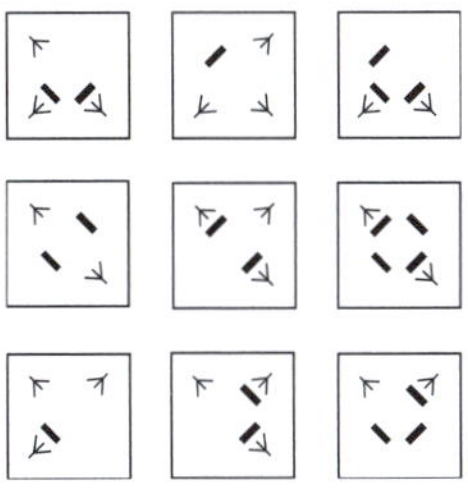

124.

- Dreiecke außen: Addition
- Linien innen: Drehung
- Quadrate: Schnittmenge

125.

- Quadrate außen: Einzelkomponentenaddition
- Dreiecke außen: Addition
- Linien: Addition

126.

- Rauten: Drehung
- Rechtecke: Addition
- Linien: Subtraktion
- Kreise: Schnittmenge

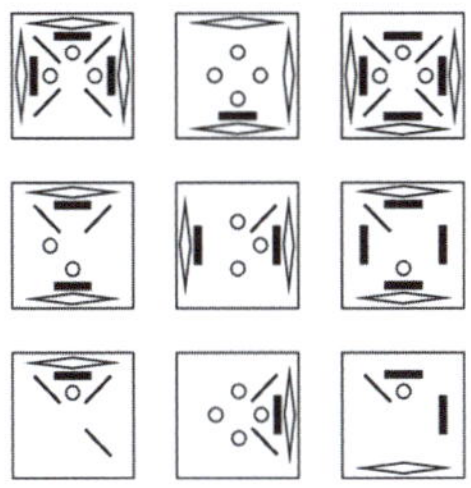

127.

- Ornament: Subtraktion
- Hühnerfüße: Drehung
- Dreiecke innen: Addition
- Dreiecke außen: Schnittmenge

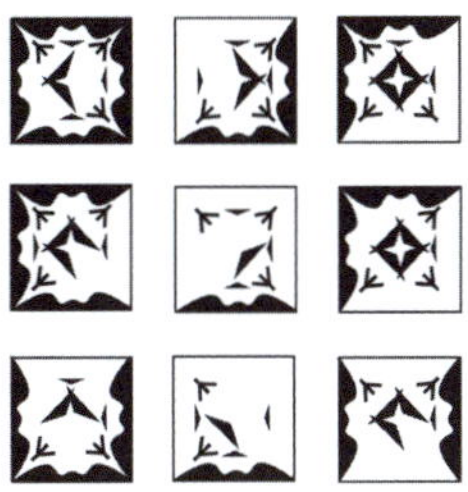

128.

- Linien: Drehung
- Rauten: Schnittmenge
- Rechtecke: Einzelkomponenten-addition
- Quadrate: Addition

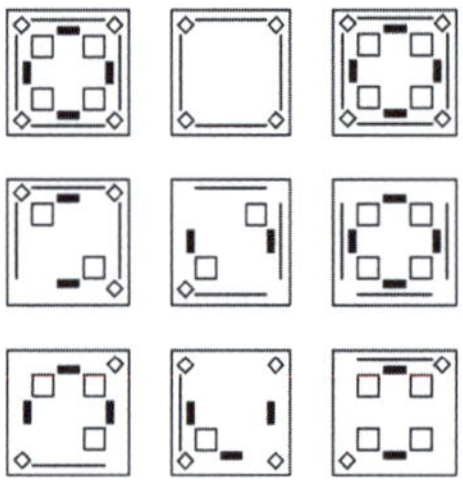

129.

- Rechtecke außen: Addition
- Dreiecke: Einzelkomponenten-addition
- Halbkreise: Schnittmenge
- Rechtecke innen: Drehung

130.

- Kreise: Schnittmenge
- Rauten: Einzelkomponentenaddition
- Rechtecke: Drehung
- Halbkreise: Addition

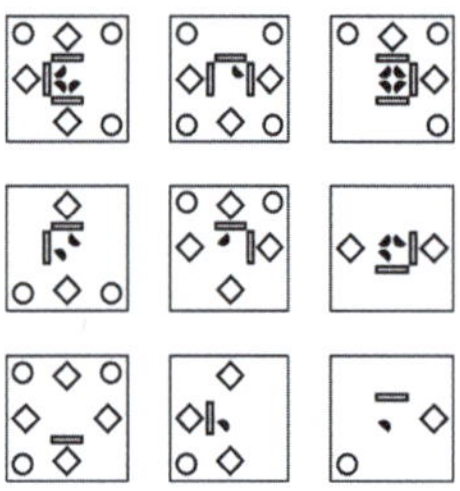

131.

- Raute: Subtraktion
- Rechtecke: Drehung
- Linien: Schnittmenge
- Kreise: Addition

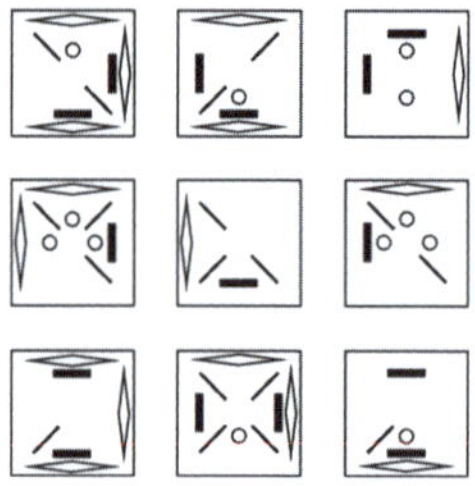

132.

- Dreiecke außen: Einzelkomponenten-addition
- Dreiecke schwarz: Schnittmenge
- Quadrate: Drehung
- Sonstige Formen: Vollständigkeit

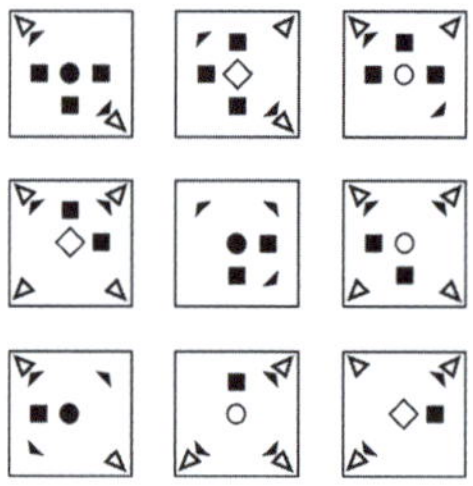

133.

- Quadrate: Schnittmenge
- Rauten: Einzelkomponentenaddition
- Halbkreise: Subtraktion
- Kreise: Drehung

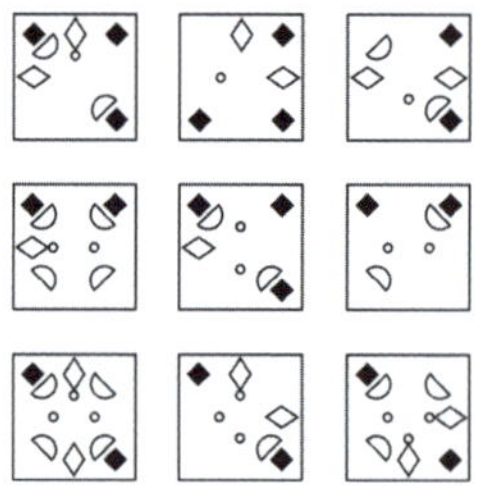

134.

- Raute: Addition
- Rechtecke: Drehung
- Kreise: Einzelkomponentenaddition
- Sonstige Formen: Vollständigkeit

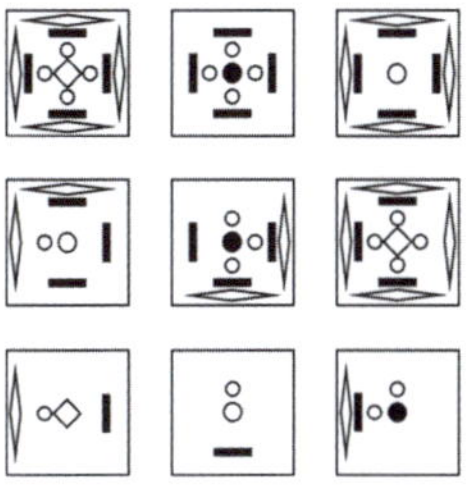

135.

- Linien: Schnittmenge
- Rechtecke: Addition
- Quadrate: Subtraktion
- Kreise: Einzelkomponentenaddition

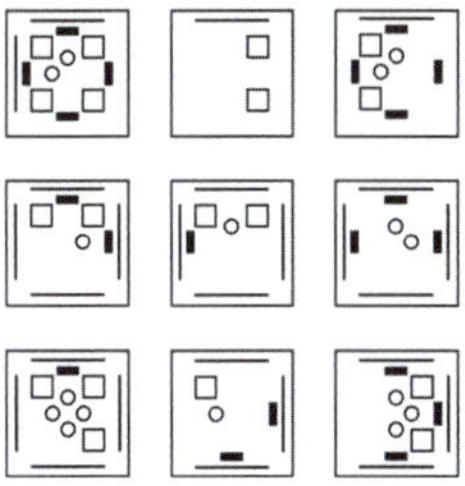

136.

- Dreiecke außen: Einzelkomponenten-addition
- Kreise: Subtraktion
- Linien außen: Drehung
- Linien innen: Addition
- Quadrate: Schnittmenge

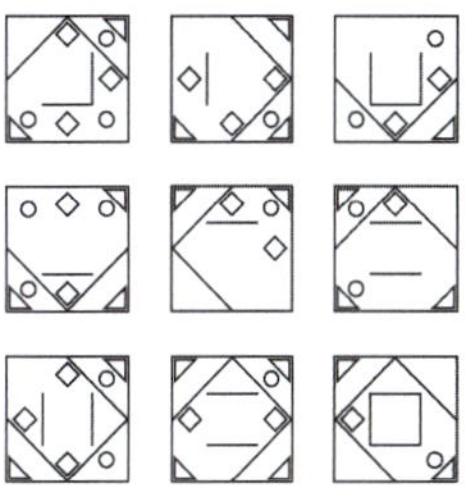

137.

- Halbkreise: Addition
- Dreiecke außen: Subtraktion
- Rechtecke: Addition
- Kreise: Schnittmenge
- Dreiecke schwarz: Drehung

138.

- Dreiecke schwarz außen: Schnittmenge
- Rechtecke: Einzelkomponenten-addition
- Quadrate: Einzelkomponenten-addition
- Dreiecke schwarz innen: Einzelkomponentenaddition
- Dreiecke weiß: Subtraktion

139.

- Linien: Einzelkomponentenaddition
- Quadrate: Addition
- Rauten: Drehung
- Halbkreise: Schnittmenge
- Rechtecke: Subtraktion

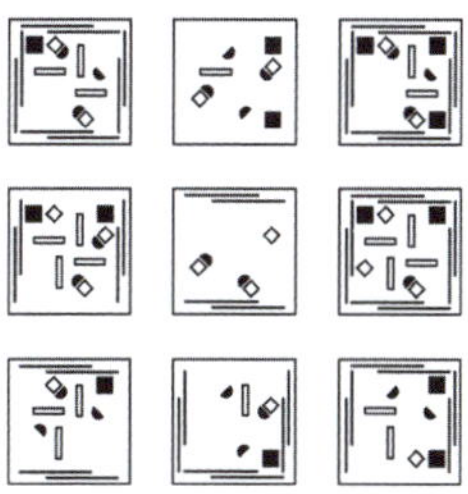

140.

- Kreise: Addition
- Rechtecke: Addition
- Linien: Subtraktion
- Rauten: Drehung
- Sonstige Formen: Vollständigkeit

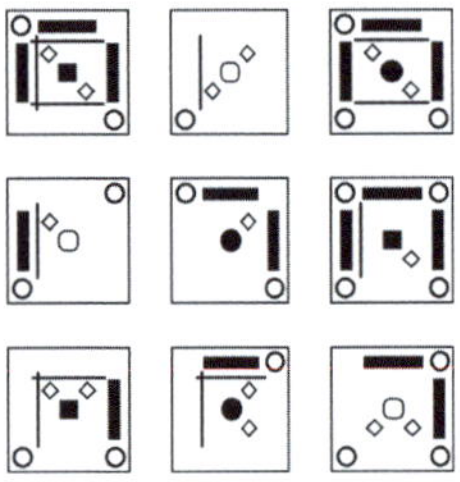

141.

- Dreiecke außen: Schnittmenge
- Rechtecke: Subtraktion
- Linien: Drehung
- Dreiecke innen: Subtraktion
- Sonstige Formen: Vollständigkeit

142.

- Kreise: Schnittmenge
- Rechtecke: Einzelkomponenten-addition
- Linien: Schnittmenge
- Rauten: Drehung
- Sonstige Formen: Vollständigkeit

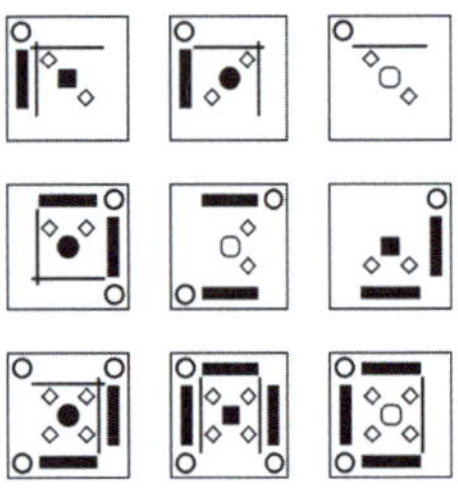

143.

- Linien: Addition
- Quadrate: Addition
- Rauten: Subtraktion
- Halbkreise: Addition
- Rechtecke: Schnittmenge

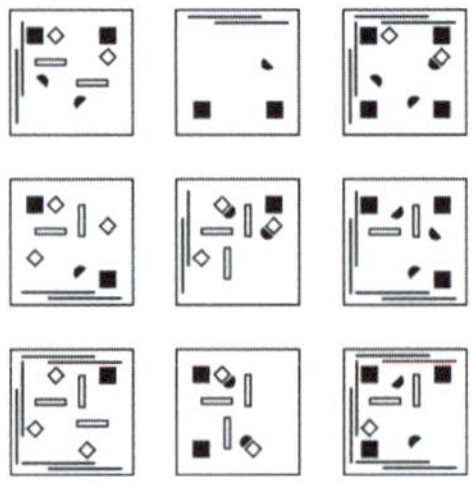

144.

- Dreiecke schwarz außen: Schnittmenge
- Rechtecke: Schnittmenge
- Quadrate: Drehung
- Dreiecke schwarz innen: Subtraktion
- Dreiecke weiß: Einzelkomponenten-addition

145.

- Kreise: Einzelkomponentenaddition
- Rauten: Addition
- Dreiecke: Subtraktion
- Rechtecke: Drehung
- Halbkreise: Schnittmenge

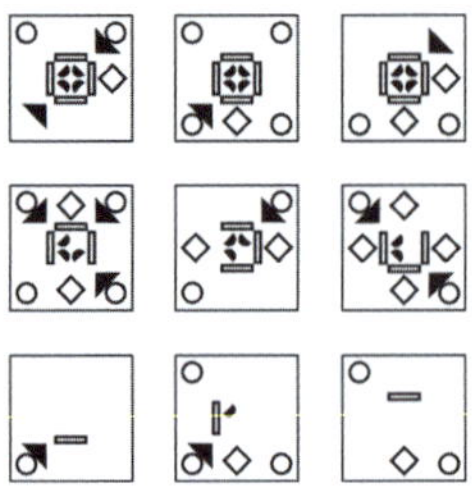

146.

- Halbkreise: Addition
- Dreiecke weiss: Einzelkomponenten-addition
- Rechtecke: Schnittmenge
- Kreise: Subtraktion
- Dreiecke schwarz: Drehung

147.

- Rechtecke außen: Schnittmenge
- Dreiecke: Drehung
- Halbkreise: Einzelkomponenten-addition
- Rechtecke innen: Subtraktion
- Sonstige Formen: Vollständigkeit

148.

- Dreiecke außen: Subtraktion
- Rechtecke: Einzelkomponenten-addition
- Linien: Schnittmenge
- Dreiecke innen: Addition
- Sonstige Formen: Vollständigkeit

149.

- Dreiecke außen: Subtraktion
- Dreiecke schwarz: Addition
- Dreiecke innen: Drehung
- Quadrate: Einzelkomponenten-addition
- Sonstige Formen: Vollständigkeit

150.

- Quadrate: Schnittmenge
- Rauten: Drehung
- Halbkreise: Addition
- Kreise: Einzelkomponenten-addition
- Sonstige Formen: Vollständigkeit

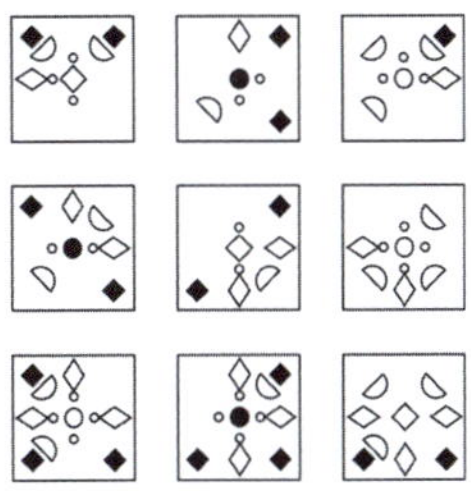

Du hast Wünsche oder Anregungen? Für konstruktives Feedback haben wir immer ein offenes Ohr. Du brauchst Hilfe oder hast ein technisches Problem? Folge dem QR-Code zu unserem Hilfeformular. Wir helfen Dir in der Regel innerhalb von 24 Stunden.

Danke für Dein Feedback

Wenn Dir dieses Buch bei der Vorbereitung auf Deinen Test helfen konnte, dann nimm Dir bitte einen Moment Zeit und schreibe eine Bewertung. Darüber würden wir uns sehr freuen. Folge hierzu einfach dem nebenstehenden QR-Code.

NOTIZEN

NOTIZEN